依据最新课程标准　紧扣学科核心素养

中小学
实验教学
指导与创新案例

小学科学

中国教育装备行业协会　编

教育科学出版社

·北 京·

出 版 人 郑豪杰
责任编辑 金 鑫
版式设计 京久科创 郝晓红
责任校对 贾静芳
责任印制 叶小峰

图书在版编目（CIP）数据

中小学实验教学指导与创新案例. 小学科学 / 中国
教育装备行业协会编. -- 北京：教育科学出版社，
2024. 6. -- ISBN 978-7-5191-3914-8

Ⅰ. G623

中国国家版本馆CIP数据核字第2024R3J425号

中小学实验教学指导与创新案例 小学科学
ZHONG-XIAOXUE SHIYAN JIAOXUE ZHIDAO YU CHUANGXIN ANLI XIAOXUE KEXUE

出版发行	教育科学出版社		
社　　址	北京·朝阳区安慧北里安园甲9号	邮　　编	100101
总编室电话	010-64981290	编辑部电话	010-64989276
出版部电话	010-64989487	市场部电话	010-64989009
传　　真	010-64891796	网　　址	http://www.esph.com.cn
经　　销	各地新华书店		
制　　作	北京京久科创文化有限公司		
印　　刷	河北鹏盛贤印刷有限公司		
开　　本	720毫米×1020毫米　1/16	版　　次	2024年6月第1版
印　　张	17.5	印　　次	2024年6月第1次印刷
字　　数	220千	定　　价	54.00元

编 委 会

丛书主编

夏国明

丛书副主编

李梦莹

本书主编

李铸衡　叶彩红

本书编委

吴睿文　信海凤　许　佳　马　莹

孙仙伟　卢伟平　鲍亚培　李　孟

目录

第❷部分　实验教学创新案例 \ 041

第三部分 结语 \ 265

第 一 部 分

小学科学实验教学
设计原则与理论指导

一　政策背景介绍

《中华人民共和国国民经济和社会发展第十四个五年规划和 2035 年远景目标纲要》明确提出了建设高质量教育体系的战略目标。实验教学是国家课程方案和课程标准规定的重要教学内容，也是培养拔尖创新人才的重要途径。中小学实验教学的质量成为影响科学领域教学质量的关键要素。鉴于此，教育部发布了《关于加强和改进中小学实验教学的意见》（以下简称《意见》）。《意见》强调，为全面贯彻党的教育方针，落实立德树人的根本任务，我们需不遗余力地发展素质教育，努力构建与德智体美劳全面培养的教育体系相适应、与课程标准要求相统一的实验教学体系。开齐开足开好国家课程标准规定的实验，切实改变目前实验教学被忽视的倾向。

同时，《意见》还倡导拓展创新，鼓励将科技领域的前沿知识与最新技术成果融入实验教学，丰富内容，改进方式；强调要积极注重实效，强化学生实践操作、情境体验、探索求知、亲身感悟和创新创造。《义务教育科学课程标准（2022 年版）》（以下简称"新课标"）明确了科学课程的总目标是培养学生的核心素养，为学生的终身发展奠定基础：掌握基本的科学知识，形成初步的科学观念；掌握基本的思维方法，具有初步的科学思维能力；掌握基本的科学方法，具有初步的探究实践能力；树立基本的科学态度，具有正确的价值观和社会责任感。[1]

我们生活在一个科学技术发展日新月异的时代，新的科学技术和创新成果不断应运而生。历史上的每一次科技革命都深刻地推动了社会进步及文明的发展，科技的高速发展更是对人类的生产和生活方式产生了深远影响。科学教育在推动科技发展的同时，能够培育出更多的科技创新人才，提升全民科学素质。尽早接受科学教育对个体科学素养的形成具有决定性影响。

提升全民科学素养对提高个人获取和运用科学知识的能力、改善生活质量以及个人全面发展具有至关重要的作用。此外，提升全民科学素养，可以更进一步提升我国的自主创新能力，推动创新型国家建设，实现经济社会的全面协调可持续发展，努力构建和谐社会。

 新课标对小学科学实验教学的要求

（一）小学科学课程的性质决定实验教学的重要性

科学实验作为一种实践活动，借由人为设定的条件，运用精密仪器和工具，系统性地观察和探索自然现象及其规则。它不仅是自然科学的基石，也是近代自然科学形成的重要标志。实践性是小学科学课程的重要性质之一。新课标指出，科学课程旨在帮助学生掌握基本的科学方法并获得初步的探究实践能力。这些科学方法包括观察、实验、测量、推理、解释等。科学实验是学生进行科学探究的关键手段，实验教学已成为小学科学的核心教学内容。

（二）小学科学课程的理念决定实验教学的必要性

激发学习动机，加强探究实践是新课标倡导的基本理念之一。新课标指出，科学课程"倡导以探究和实践为主的多样化学习方式，让学生主动参与、动手动脑、积极体验，经历科学探究以及技术与工程实践的过程"[1]3。小学生对自己生活的世界有着强烈的好奇心和求知欲，而探究式学习恰好适应了他们学习科学的心理特点。通过这种方式，小学生在做中学、在学中思、在思中悟，这样既能培养和提高探究实践能力，也能提升科学思维。总的来看，科学实验已成为探究式学习的主要工具，把实验教学作为主要的教学手段对于实施小学科学教育所倡导的基本理念是十分必要的。

小学科学实验教学的理论基础

对于科学教育领域来说，实施实验教学是必不可少的一环。但实验教学并非是简单的过程展示，只有遵循教育学和教育心理学的一般规律，通过深入理解学生的学习本质，悉心研究教育现象，才能最终使实验教学达到理想效果。

（一）建构主义学习理论

建构主义学习理论传入中国后，呈现出蓬勃发展的态势。皮亚杰将其定义为一种客观的认知理论。该理论认为，知识与学习者是分离的，学习是刺激和反应的结果。建构主义者强调建构过程，包括对接收到的信息进行建构和对已有经验进行重构。然而，当时的教育者通常只是向学生传递外部信息。因此，他们总是强调内容和知识的结构，并试图建立精确的知识传授。在这种情况下，建构主义者认为，学习者的知识可以通过与他人的交流，在他人的帮助下建构起来，学习者也由此获得新的知识。建构主义既强调教学活动与学习活动的相互引导，又注重学习环境和学习信息的相互作用。因此，学生、教师、教学信息和学习环境是新教学范式的四个关键因素。

建构主义教师观对教师提出了新要求，为了成功地使用建构主义教学策略，教师必须向学生提供完成特定任务所需的所有信息，并向他们提供详细的建议以正确引导他们。教师还必须提醒学生活动的顺序，这对他们的能力培养至关重要。建构主义教师观建议整个教与学的环境都要有支架。

所以，在科学教学中，教师应示范学习所需的行为。示范一般是支架式教学的第一步，它提倡通过展示在特定情境中如何感受、思考或行动的教学行为，为学生提供实验操作、发现问题和解决问题的示范，使学生明确实验操作的目的、要点和顺序，从而更好地实现知识的有效建构。

建构主义学生观强调学生建构知识能力的重要性和学生的主体性，学生应成为课堂的积极参与者，教师则应为学生提供自主学习体验的机会。当学生就某个话题或技能提出自己的想法时，教师可以将自己的想法加入其中，引导学生进行讨论。如果学生的理解不正确或部分正确，教师可以纠正他们的错误，并根据学生在讨论中的发言调整自己的解释。

因此，在科学课堂上，学生能够在已有认知和经验的基础上，通过课堂学习、实验操作、合作探究，逐步丰富、充实和转化原有认知，建构新的知识。这个过程必须由学生自己亲身经历，任何人都无法替代。

建构主义教学观认为，教师和学生是相互影响、相互促进的。在使用新材料并进行实验操作的同时，学生也会获得新的体验，此时教师必须不断评估他们的理解并及时提供反馈。对学生的理解进行验证和澄清，实质上就是对其合理的理解给予肯定性反馈，对不合理的理解给予纠正性反馈。通过循序渐进的学习过程，让他们掌握实验的规律，进而得出准确的结论，实现新知识的建构。

如"研究拉力大小与改变小车运动快慢的关系"实验教学，给予学生充足的探究空间，教师带领学生经历实验的完整过程，让学生自主设计实验、收集数据、分析数据，基于证据与逻辑自主建构拉力大小与改变小车运动快慢的关系。

总而言之，以建构主义为基础和指导的科学教育更加重视对现实问题的探究，强调基于小学生的经验展开教学，教师应主动了解和掌握学生已有的知识和经验，选择少而精的课程内容，力求让学生通过深刻的实验操作体验，逐步建构起最基本的科学概念和理论，并力求让学生学深、学透，最终熟练掌握科学探究的方法和技巧，理解科学的本质。实验教学强调为学生提供有意义的、真实的、贴近学生日常生活的学习情境，激发学生的学习兴趣，培养学生的批判性思维和创造性思维，为学生合作学习、交流、分享信息和思想提供平台，以有效帮助学生主动建构科学概念，进而发展科学核心素养。

（二）维果茨基的"最近发展区"理论

维果茨基对当今教育的影响举世瞩目。他认为，学习应引领发展，只有先于发展的学习才是好的学习。乍一看，这似乎有问题：如果学习某些材料需要特定的发展水平，那么没有这种发展水平就不可能学习。然而，对维果茨基来说，"好的学习"是从思维层面开始的，由其他在自身发展方面遥遥领先的人作为中介，学习者可以替代性地体验所要学习的东西。在这方面，学习者是活动的外围参与者（即没有他人的支持就无法继续活动）。通过参与互动，学习者逐渐开始内化知识并掌握知识，最终成为一名全面的参与者。

维果茨基最著名的观点之一是"最近发展区"。维果茨基设想了一个与学习者潜能相关的"阶段空间"。在任何时候，学习者当前的发展水平都会涵盖广泛的能力，也就是实际发展区，而实际发展区之外则是他们尚未能做到的一切（尚未掌握的技能、尚未解决的问题等）。事实上，传统的教育评估着眼于确定与某个特定领域——即学生的常规水平——相关的程度，但这是学生已经熟悉的领域，对他们来说可能有些枯燥乏味。因此，维果茨基认为，了解周边区域的范围更有用，它反映了学习者还不能独立完成、但在适当的支持下可以完成的事情。最近发展区因学生而异，能够表明学生已经准备好学习什么。

从维果茨基的思想中发展出来的一个关键概念是"支架式"学习。如果我们接受维果茨基的原则，即学习先于发展，那么教师就应设法让学生在他们的范围内学习。学生可以忙于（并成功地）完成作业，但作业并不支持学生的进一步发展。练习可能会提高学生完成作业的效率（准确性、速度），但并不能帮助学生将技能或理解能力提高到一个新的水平。给学生布置一项超出他们能力范围的任务，他们很容易失败，除非他们得到适当的支持。因此，学习活动既要超越学生的能力范围，又要以适当的支持为中介，这样才能取得成功。"脚手架"是为学习者成功学习新能力而设置的结构。设计教育支架是一项具有挑战性的任务，因为它必须与学生的能力相匹配。对学生的支持不足，容易导致其挫折和失败。然而，如果过多的支持取代了任务，也达不到鼓励学习的效果。因此，"脚手架"必须是动态的，应使学习者在可控的阶段从合理地外围参与（教师开始时在一定程度上只是旁观者）到完全地中心参与（教师现在纯粹是一个旁观者）。学习者拥有充分的自主权来内化新的能力。

如在"声音的产生"实验教学中，教师给学生具有结构性的实验材料：实验现象明显的钢尺、橡皮筋，实验现象不明显的音叉、小鼓。当学生观察实验现象不够明显的物体时，教师适时为学生提供相应的"脚手架"，如提供水帮助观察音叉发声时的状态，提供绿豆帮助观察小鼓发声时的状态。这些针对性的、恰到好处的"脚手架"可以使学生开展实验、观察实验、掌握概念事半功倍。

总的来说，在实际的教学过程中，为了更有效地指导、帮助学生的全面发展，教师应选择合适的教学内容和恰当的教学方式，关注学生的"最近发展区"，才能使学生的能力得到有效提高。而在实验教学中，教师同样需要创设真实情境，根据学生的"最近发展区"，提供结构性的材料，让学生在充分的动手操作中、体验中，产生学习兴趣，基于证据和逻辑得出结论，有效地建构知识，不断跨越其"最近发展区"，最终获得学习和心理上的有效发展。

（三）"从做中学"的教学思想

美国教育家杜威以"教育即生活""教育即生长""教育即经验的改造"为前提，在批判传统教育"从听中学"的基础上提出"从做中学"理论。他指出，传统教师的教学方式是教条的，学生从教师口中被动听来的知识不是真正的知识。教育要从学生的经验和活动出发，强调知与行、学与做的关系。要知与行相结合，学与做相结合，在实践中获得知识。我国著名教育学家陶行知先生也强调要将学生闲置的双手动起来，做到

"教学做合一"。

"从做中学"不是强制执行命令的行动以及习惯性的机械行动，不同年龄段的"做"不能一律化。动手进行科学研究是"从做中学"的内容之一，其中包含对研究证据的收集、对研究材料的管理、对实验过程的记录等。通过"从做中学"，学生观察到自己的活动正在影响事物的变化，意识到自己力量的意义。培养学生对生活的兴趣，增强学生的自信心，才能使其真正明白知识的价值；丰富学生的知识，锻炼学生分析问题、解决问题的能力，有助于其知识的迁移、思维的发展，形成良好的学习习惯和探究意识，促进手眼协调，进而间接提升注意力、想象力和判断力。这与新课标倡导的探究实践教学、鼓励学生通过动手探究进行学习不谋而合，也为小学科学"从做中学"教学模式的形成提供了理论基础。在此教学模式中，学生通过行动来激发学习热情，在"做"的过程中有所思、有所悟。这不仅是学生建构知识、掌握方法、习得技能、感悟思想的需要，更是促进学生成长的需要。

教师要为学生提供一个能够"从做中学"的环境，良好的环境能够激发学生的学习兴趣；同时，实验活动的设计要在学生的经验范围内，并与他们的需要相联系。我国小学科学课程以培养学生的科学核心素养为目标，重视课程的实践性，注重学生创新思维和实践能力的培养，强调通过科学实践让学生在"做中学""做中思"。如在"模拟地震和火山喷发"实验教学中，为了让学生自主掌握并建构地震与火山喷发的原因，教师引领学生借助生活中常见的材料进行模拟实验，自主搭建模型、观察模型，在实践的过程中习得科学方法，感悟科学思想，树立科学精神。

总之，在实验教学中，学生不再是被动接受知识的对象，而成了主动参与和实践的主体。学生通过自主设计和进行实验、观察和分析实验现象、提炼和总结科学规律等方式，积累科学知识，提升科学思维，并提高解决实际问题的能力。

四 小学科学实验教学的教育价值

实验教学，具有激发学生学习动机、帮助掌握科学概念、发展学生探究实践技能、培育学生科学思维、形成正确态度责任等作用。学生在实验中既可以直观地见证科学规律，又可以通过实际操作获取技能。因此，实验教学不仅在培养学生的科学核心素养方面具有积极作用，而且在提高学生综合素质、促进其全面发展方面也有重要影响。因此教师必须要正视其重要性，明确实验教学的主要原则，并切实有效地应用实验教学的方法。

（一）有利于培养学生的科学核心素养

小学科学实验教学在帮助学生形成科学核心素养方面，起着至关重要的作用；它在为学生提供各类知识的同时，更有利于培养他们探索科学的热情，因此是此阶段科学教育的一种有效方式。它不仅能激发学生对科学的热爱，进而打开心中奇思妙想的科学世界大门，而且可以提升他们的科学素养，为日后进行科学研究、探索新知、应对解决未知问题奠定坚实的基础。

小学科学实验教学涵盖的范围广泛，包括物理、化学、生物学、地球科学等多个分支领域，通过科学实验，学生能够近距离地接触到各个领域的理论和实践知识。在物理科学领域中，他们可能在一次简单的滑轮实验中领略到动、定滑轮异同的奥妙；在地球科学领域中，学生可能通过制作火山模型瞬间领悟到火山喷发的魅力；在生命科学领域中，学生可能通过种植植物、观察植物生长，更深刻地认识到生命的伟大。这些实验的学习和操作，展示了科学的多样性和丰富性，可以让学生真切地感受到科学的深邃和无穷奥秘。在这个过程中，学生也会对科学知识有更深层次的理解。直观的实验操作使复杂的理论变得简单易懂，使抽象的科学知识变得生动有趣。比如通过实地考察当地的小河流，学生亲眼见证并且理解河流对地形的影响。动手实践，能够帮助学生更好地理解知识，并在心中留下更深刻的印象。

更重要的是，这样的教学方式让学生们迈出了探索未知的第一步，有助于培养他们求知的习惯。当在实验中遇到问题时，他们会主动寻找答案，思考、探索解决问题的办法，并在这个过程中养成独立思考的习惯。在现代社会中，善于思考、善于解决问题者将更有可能在未来的生活与工作中取得成功。

总而言之，小学科学实验教学，给起步阶段的学生带来无尽的可能性。通过动手操作，原本不易理解的科学知识变得栩栩如生，深深地印入他们的脑海；通过解决问题习得的独立思考和解决问题的能力让他们对未来充满信心。小学科学实验教学就像一艘载满星辰的船，带着学生在浩瀚的知识海洋里畅游。

（二）有利于提高学生的动手能力

小学阶段是学生全面发展的关键时期，是培养探究精神和创新能力的黄金期，因此小学教育至关重要。其中，小学科学实验教学特别引人注目。因为，这个阶段的科学实验教学不仅有助于提升学生的科学技能，增强他们的动手能力；还能通过真实的实验现象，帮助学生更好地理解科学理论和知识，让他们在享受科学探索乐趣的同时，尝试解释科学现象，激发他们的创造力和想象力。

对于小学生来说，掌握科学知识并不仅仅是记住一些理论和公式。真正的理解和掌握，需要他们将这些理论和公式运用到实践中。这就需要我们在教学过程中，提供足够的实验机会，让学生能够通过自己的实践，将抽象的理论具象化，用自己的手去探索、去尝试、去发现。这个过程，不仅有知识的沉淀和技能的提高，更重要的是通过实践活动学生们可以感受到科学的魅力，理解到科学并非遥不可及的深奥知识，而是日常生活中随处可见的常识，是他们可以用双手触碰到的真实存在。这种关于科学的全新认识会让他们对科学产生浓厚的兴趣，也会加深他们对科学本质的理解，激发他们主动探求科学知识、热爱科学实验的热情。

（三）有利于提高学生的学习兴趣

在小学阶段，学生要学习很多基础学科的知识，其中小学科学的实验教学以其特殊的教学形式和与众不同的方法、所涉及的内容广泛且富有趣味性，让学生津津乐道。

这种教学方式，不仅有效地吸引了学生的眼球，唤起了他们对科学探知的好奇心，也提高了他们对科学的喜爱程度。小学科学实验教学能够为学生提供丰富多样的知识，在科学实验教学过程中，学生筛选并接受的物理、化学、生物学等方面的知识，直接关系他们的实际生活，使他们产生了更高的学习热情。为了能更好地理解新知识，他们开始主动投入学习，甚至在课外也会主动实践所学到的新知识。

值得一提的是，小学科学实验教学不仅是知识的学习，更重要的是，这种学习模式让学生在不知不觉中养成了积极主动学习、思考的良好习惯。这是一种从内心深处产生的对学习的热爱，是一种自发、自觉的学习行为。这种良好的学习习惯，在他们日后的学习甚至生活中会起到十分重要的作用。无论他们未来走向何处，会遇到怎样的困难和挑战，只要他们保持着积极主动的态度和对未知领域勇于探索的精神，就有可能解决问题，就有可能取得成功。

五 小学科学实验教学在核心素养中的体现

新课标指出："科学课程要培养的学生核心素养，主要是指学生在学习科学课程的过程中，逐步形成的适应个人终身发展和社会发展所需要的正确价值观、必备品格和关键能力，是科学课程育人价值的集中体现，包括科学观念、科学思维、探究实践、态度责任等方面。"[1]4为此，每个实验教学自然也就承载了对学生科学核心素养的培养。当然，不同的实验教学对于学生科学核心素养培养的侧重点略有不同。

例如"研究拉力大小与改变小车运动快慢的关系""模拟地震和火山喷发"实验教学，主要侧重对学生科学思维的培养。前者让学生在实验探究的过程中，通过数据收集、分析、比较、归纳等，建立证据与解释之间的关系，并提出合理的见解。后者主要让学生观察模型，运用模型分析、解释现象和数据，形成对抽象的地震和火山喷发成因的模型建构。

"观察生产生活中的摩擦力现象""观察生产生活中的弹力现象""观察生活中的浮力现象"等实验教学，则侧重于培养科学观念，通过观察、收集证据、分析证据，帮助学生自主建构摩擦力、弹力、浮力等的概念，认识到这些日常生活中常见的力都是直接施加在物体上的力。

"利用科学原理设计制作简易装置，如传声器、听诊器等"实验教学，主要侧重技术与工程实践能力的培养。学生在进行装置制作之前，先要明确问题，针对问题提出有创意的方案，并根据科学原理进行方案优化，然后进行模型制作，制作完毕后进行测试，在测试过程中根据实际效果进行修改迭代。学生在活动过程中，工程思维得到有效训练。

"种植一株植物（如凤仙花），并观察其一生的变化""养殖一种小动物（如家蚕、家兔等），并观察其生长和繁殖"实验教学，让学生经历栽培植物、饲养动物的过程，观察并记录动植物的成长过程，了解动植物的生命周期。此类实验教学，有助于培养学生良好的科学观察习惯，让学生对科学学习保持好奇心和探究热情，引导学生珍爱生命、热爱自然。

综上所述，实验教学的有效实施，能帮助学生有效建构科学概念，认识科学本质与规律。学生在实验活动过程中，科学思维能得到有效的训练和培养，自主学习能力也能得到有效训练。学生在认识科学本质及规律的基础上，理解科学、技术、社会、环境之间的关系，进而逐步形成正确的科学态度和社会责任。

六 小学科学实验教学设计的现状与问题

有效组织实验教学活动，才能从真正意义上对学生的科学核心素养进行培养。因此，有效的小学科学实验教学设计显得尤为重要。何为"有效"？有效的小学科学实验教学设计要能发挥其培养学科核心素养的作用，真正意义上促进学生动手能力的提升。

如何才能让小学科学实验教学真正有效果呢？这就要求教师在进行实验教学设计时，应从成人视角的"教"转向学生视角的"学"，思考怎样组织实验活动才能让学生更好地投身其中，帮助学生与实验活动进行"有效对话"，从而实现学生在对话中深度思考，在对话中实践建构，在对话中自省提升。

反观当下小学科学实验教学的实施，学生经历实验活动后出现了如下情况：实验目的不清、实验操作不当、实验现象不明、实验数据不准、实验证据不实等，以致实验教学未能真正地为学生科学核心素养的培养服务。仔细分析，阻碍小学科学实验教学有效实施的主要原因大致有以下几点。

（一）数据收集烦琐，难以分析比较

在部分对比实验中，有效数据对于正确实验结论的得出至关重要，通过收集、分析有效数据，学生逐渐形成数据整理能力并发展数据分析观念等。一些教材设计活动的想法和初衷虽然很好，但是在实际教学中，学生在采集数据时较为烦琐，无法对收集的数据进行有效分析，最终未能得出好的结论。

（二）"暗箱"隐蔽，难以联想感知

小学科学的有些内容不容易被学生直接感知，例如人体内部的各大系统、地球内部结构、宇宙空间等。此类内容被称为"暗箱"，它们无法像植物的各部分器官、昆虫标本、电动机结构一样，可以让学生直接进行观察，

进而建构相关认识。有的教师在组织"暗箱"问题教学时，直接以图片、阅读资料呈现，让学生自主阅读，学生只能与图文中的相关信息进行对话，对研究内容感到困惑，无法建立有效联想，进而造成研究困扰。

（三）操作流程混乱，难以有效落实

　操作是实验教学实施的重要环节，在某些制作类或操作类的活动中，例如制作走马灯、观察花的结构等，由于好奇心强，很多学生在未明晰如何制作或操作时，便急于动手；有些经验丰富的教师，则会要求学生先看完教师的演示讲解后再操作。在第一种情况下，学生不清楚相关流程，操作随心所欲，想怎么做就怎么做，效果可想而知；在第二种情况下，教师台前演示时，由于座位和教师演示讲解站位等原因，绝大部分学生没有关注细节，从而影响了有效操作，这样的实验教学效果也不尽如人意。

（四）研究问题抽象，难以具象描述

　在实验教学实施过程中，有些问题相对抽象。由于生活经验、知识储备不足，学生在实验探究过程中未能实现自主串联信息，建构相关认知。例如学生在研究"火山喷发的形成原因"时，"高温"和"高压"相对抽象，各版本教材提供的模拟实验研究方案中，学生虽然能观察到火山喷发前、中、后的地表现象，但火山内部的"高温"和"高压"现象，不能直观观察。因此，学生在反馈观察结果时，更多地聚焦在火山喷发的现象，难以建立关于火山喷发与内部"高温"和"高压"的联系，更无法具体描述。

（五）材料滞后单一，难以服务于观察

　相信绝大部分的科学教师在实验教学组织过程中，都能深刻感受到实验材料对帮助学生有效进行实验活动，达到活动效果的重要作用。反观当下实验室里的某些实验器材和材料，有的实验现象不明显，有的操作不便利，有的结构不匹配等。例如苏教版六年级上册制作"简易电动机"的活动所提供的材料，虽然能够让学生制作出一个简易电动机，但由于材料简陋，制作组装对于学生而言属实不易。即便组装完毕，运行过程中，学生也难以将简易电动机与生活运用有效联系起来。这样的实验材料很难真正服务于实验教学的有效实施。

七 小学科学实验教学的问题改进策略与设计思路

（一）小学科学实验教学的问题改进策略

如何针对上述问题有效改进实验教学实施，让实验教学有效服务学生的学习是我们需要思考的。在观察和实践中，针对不同难点，可以有不同的改进方向。

1.运用直接对比，让烦琐数据现象化

针对常规的数据收集对于学生而言的确困难，教师是否可以换个视角思考问题，引导学生变烦琐数据为直观现象。无论是"小车运动"，抑或是"降落伞下降"，数据收集的最终目的是比出快慢，这是个体自身速度的比较。当自身速度比较产生困难时，可以引入日常比赛机制，两个或几个之间进行对比。

如"小车运动"问题，让施加不同拉力的两个或几个小车同时跑，谁快谁慢，一目了然；"降落伞下降"问题也一样，研究伞面材料问题时，可以将两个或几个以不同材料为伞面的降落伞，从同一高度落下，谁先谁后，清晰明了。教师只要在记录单上做些简单的改动（见表1），便可让学生轻松地投入实验活动。

表1 实验记录单

改变的条件	实验结果			最后结果
	第一次	第二次	第三次	

结论：＿＿＿＿＿＿＿＿＿＿＿＿＿＿＿＿＿＿＿＿＿＿＿＿＿＿＿＿＿

有的教师可能会觉得这样的改变，无法有效地培养学生收集数据和分析数据的能力。但其实并非只有这两个实验活动承载着培养学生收集数据和分析数据能力的重任，在其他实验活动中，一样可以进行训练。而且能力较强的学生同样可以在这两个实验活动中采用数据收集和分析的方法与实验活动进行"有效对话"。而对于能力相对不是那么强的学生，则可运用直接对比，帮助其建立自信心，以更积极地投入探究，实现与实验活动的"有效对话"。

2.借用直观技术，让实物"暗箱"透明化

所谓"直观"，就是直接观察。这里的直接观察分为两种，一种是提供实物进行直接观察，另一种是利用移动终端进行直接观察。

如学习"关节""肌肉"时，可提供实物让学生直接观察。教师在实验教学实施过程中，组织学生观察骨头内部结构、骨头与骨头的连接位置；研究肌肉工作原理时，可提供鸡翅、猪的筒骨等实物，让学生自主观察。学生在观察过程中，发现骨头内部中空，两头有蜂窝状结构，骨头与骨头连接处有"白色"物质，肌肉一边舒张开就有对应的部分收缩等，从而建立起对"关节""肌肉"等"暗箱"问题的直观认识，让此类"暗箱"变得透明。

关于利用移动终端进行直接观察，江苏省溧阳市新昌小学的程思宁老师在《利用移动终端让"暗箱课"变暗为明——以执教〈食物的旅行〉为例》一文中提到，利用 Vbook 科学操作平台，可实现教师端和学生端同步，通过"人体 VR（虚拟现实画面）""人体磁贴（拼图游戏）""资源风暴库"等功能，在移动终端上实现师生交流、生生交流，解决"暗箱课"的学习难点。[2]

此外通过移动终端，类似消化系统这样的"暗箱"也能够直观呈现，学生在玩中学、学中思，实验教学的目的也就实现了。随着科技的发展，越来越多的技术手段如全息设备、手执设备等，可辅助揭秘更多的"暗箱"。

3.引用微课资源，让操作流程直观化

微课作为一种信息化手段，具有主题突出、关注差异、灵活有趣等特点，深受教师们的认可。在教学中，可以利用微课高效展开小学科学实验难点教学，利用微课实现小学科学实验个性化教学。[3]

教师可以利用实验活动操作（或制作）微课资源，让学生对操作（或制作）流程产生直观的认识，为后续有序操作奠定坚实的基础。

例如制作降落伞时，如何固定伞绳与伞面，如何捋顺伞绳，如何在伞绳同样长度的条件下加上重物等问题都是难点所在。如果仅仅依靠教师在讲台上演示操作的细节，绝大部分的学生却处于无效状态（距离太远，教师操作被挡住等原因）。如果将制作流程录制成微课，

图 1

采用特写镜头、放慢倍数、配上解说（文字）等技术处理（见图 1）来避免上述问题，无论是全班统一观看，还是人手一台手执设备学习，都能轻松掌握制作细节，为后续有效参与教师设计的实验活动扫清障碍。

4.巧用模型模拟，让抽象问题具象化

实验现象的可视化影响着小学生对科学知识、规律的理解和对科学实验的喜爱，实验现象不可视甚至与理论知识相违背则会影响小学科学教学难点的突破[4]。特别是一些相对抽象的问题，如果不能直观呈现实验现象，学生就难以达成其对问题的解决和对概念的建构。

有效模型的模拟使用，可以达到化抽象为具象的效果。例如研究火山喷发成因问题时，对于前面提到的几种模拟方案的短板，如何优化模拟方案，让"高温"和"高压"可视化，只需要对模拟装置进行简单的改造

即可。

如图2所示，在装置侧面增加可视
窗口，方便学生直接观察火山内部岩浆
随着温度升高的情况。数显温度计的引
入和使用，能够帮助学生将温度变化与
火山内部岩浆活动情况进行对比，直观
建立起"温度"与"压力"对于火山喷
发影响的认识。活动推进具有稍纵即逝

图 2

的特点，为了帮助学生更好地与活动"对话"，除了改造模型之外，教师还
可以引入手执设备（如平板电脑），或者在参与某个小组活动时运用手机进
行跟踪。这种跟踪可以是拍照，也可以是录制视频，及时记录活动前、中、
后的相关现象，让活动的整个过程进一步可视化。这有利于学生活动结束
后分析现象，为正确结论的得出提供有力的证据。

在实验教学实施过程中，教师有效引入模型，让学生亲历实验观察活
动，学生对于抽象的问题就有了直观的感受，较易建立起"高温""高压"
与"火山喷发"之间的关系。

5. 利用生活废品，让实验材料丰富化

丰富实验室的材料在实验教学中尤为重要。许多有经验的教师都会通
过自制教具来解决相关问题，但有些教具自制成本并不低，因此也困扰着
不少教师。低成本实验材料（生活废弃品）的收集，可在一定程度上帮助
一线教师丰富实验材料。教师可以巧用生活中的废旧器材或废弃物品，经
过替换或加工改造，使之成为很好的实验器材。[5]

一个看似简单的矿泉水瓶，可以在小学科学的许多实验活动中使用。
例如在研究空气占据空间问题时，矿泉水瓶与乒乓球或气球等组合，都有
不错的效果；在研究空气成分问题时，用去底的矿泉水瓶可以辅助研究空
气中含有可燃烧和不可燃烧的气体；在研究风的形成问题时，两个矿泉水

瓶组合便可形成模拟装置；矿泉水瓶还可以运用在制作生态瓶，以及种子的萌发、塑料、龙卷风等问题的研究上。

可以引入实验活动的生活材料还有保护电器的泡沫、用过的一次性纸杯（塑料杯）、广告更替下来的 KT 板等。这样的生活材料，一来易得，二来成本低，三来就是学生熟悉。此类材料的引入，使学生居家也能进行实验探究，不仅有效丰富了实验室的材料，还实现了轻松实验的效果。同时，还可以将课堂实验延伸到家庭，让学生形成随时随地解决问题的意识，发展探究能力，提升科学素养。

（二）小学科学实验教学设计思路

1.小学科学实验教学设计遵循的原则

进行小学科学实验教学设计时，应遵循科学性原则、探究性原则、主体性原则、层次性原则、安全性原则、德育性原则。

（1）科学性原则，即实验目标定位要科学。教师在进行实验教学设计时，首先要研读课程标准，依据课程标准精准定位实验目标，避免出现实验目标不明晰或错误的情况。

（2）探究性原则。探究式学习是学生学习科学的重要方式，实验教学设计要让学生主动参与，动手动脑，积极体验，在探究过程中有效建构科学知识，习得科学研究方法，领悟科学思想。

（3）主体性原则。学生是科学课程学习的主体，在实验教学设计时，教师要清楚定位，从学生视角出发，思考学生如何学习，如何设计实验活动才能凸显学生的主体性，如何组织实验活动才能让学生有效且积极地参与实验探究。

（4）层次性原则。在进行实验教学设计时，实验活动设计要有层次，教师要梳理清楚实验活动之间的逻辑关系，为学生搭建调用已知解决未知的平台，让学生在实验活动过程中提升能力。

（5）安全性原则。小学科学实验涉及的仪器较多，为此，在进行实验教学设计时，要关注实验操作的安全、实验活动组织的安全和实验仪器的安全，确保实验教学能安全有效地实施。

（6）德育性原则。进行实验教学设计时，要立足落实立德树人根本任务，充分发挥课程育人功能。

2. 小学科学实验教学设计思路

新课标规定小学科学课程理念为：面向全体学生，立足素养发展；聚焦核心概念，精选课程内容；科学安排进阶，形成有序结构；激发学习动机，加强探究实践；重视综合评价，促进学生发展。"课程实施"的教学建议提道：科学教学要以促进学生核心素养发展为宗旨，以学生认知水平和已有经验为基础，加强教学内容整合，注重教学方法改革，精心设计教学活动。建议以学生为主体进行教学设计，重点关注以下环节：情境创设与问题提出、自主探究与合作交流、总结反思与应用迁移。

因此，小学科学实验教学设计首先要符合课程理念，在设计时要关注学生发展的需求，从学生"学"的视角出发，研究学生学习特点，遵循学生学习规律，让学生"乐学""慧学"。

那么，什么样的小学科学实验教学设计，才能真正符合课程理念，促进学生科学核心素养的发展？先来看两个实验教学设计案例。

案例 1

《照镜子》实验教学设计

设计者：厦门市滨东小学 林莹莹

一、实验名称：观察光的反射现象。

二、实验类型：分组实验。

三、实验教学目标

1. 知道光线照射到物体表面返回来的现象叫光的反射；

2.知道不同物体的反射效果不同，物体表面越光滑，反射效果越好；

3.理解潜望镜的工作原理。

四、实验原理

1.光照射到镜子、瓷砖、塑料板、蜡光纸等物品表面时会发生光的反射；

2.镜子、瓷砖、塑料板、蜡光纸的表面光滑程度不一样，反射光的效果不同，镜子的反射效果最好；

3.利用烟雾颗粒能反射光，帮助我们清晰地看见光反射时的光路图；

4.利用两片镜面的二次反射模拟潜望镜的工作原理。

五、实验器材

激光笔——模拟光源。

"植物大战僵尸"活动地图——通过游戏任务"怎么打败'僵尸'？"吸引学生，激发兴趣。通过增加游戏难度驱动学生思考，为探究潜望镜工作原理做铺垫。

可视光路演示器、蜡烛、蚊香、火柴——便于观察，把看不见的光反射现象变得清晰可见。

瓷砖、镜子、蜡光纸、塑料板、镜面不锈钢板、普通不锈钢板——通过表面光滑程度不一样的物品反射光的效果不同，最终得出镜子的反射效果最好的结论。

废气罐——用于实验卫生整理。

六、实验内容设计

第一关：探究镜子反射光的现象

1.组装好"植物大战僵尸"活动地图，按照地图的图标索引，用激光笔、镜子打败"僵尸"。

2.在可视光路演示器中点燃蚊香，让蚊香的烟雾充满箱子。调节暗室内的光线，用激光笔对着箱子底部的镜子照射，观察光照射到镜子后反射的现象。引导学生发现光线照射到镜子表面后返回来的现象，观察照到镜子的光线往上，返回来的光线也往上，反之往下。

3. 小结：光线照射到镜子表面后返回来的现象，就是光的反射。

第二关：探究不同物体反射光的现象

1. 有了第一关的基础，将镜子替换为瓷砖、蜡光纸等这些"秘密武器"打"僵尸"。通过观察发现，采用不同物体，反射在"僵尸"上的光斑亮暗程度不同，实验记录如表 2 所示。镜子的光斑最亮、最清晰，蜡光纸的光斑最暗、最模糊。

2. 小结：打到"僵尸"上的光斑亮暗不同是因为镜子、镜面不锈钢板、普通不锈钢板、蜡光纸、塑料板、瓷砖表面的光滑程度不同，反射光的效果不同。

表 2 实验记录单 1

大家一起行动起来

物品名称	镜子	镜面 不锈钢板	普通 不锈钢板	蜡光纸	塑料板	瓷砖
预测：能否打败"僵尸"（√或×）						
验证结果（√或×）						
给这些"武器"按从强到弱排序						

第三关：探究潜望镜工作原理

1. 在"植物大战僵尸"活动地图上加设一根 T 形塑料管，利用两面镜子打败"僵尸"。观察发现光通过两面镜子的反射照射到"僵尸"上时，可以在第一面镜子中看到被打败的"僵尸"，实验记录如图 3 所示。

2. 小结：在第一面镜子中看到被打败的"僵尸"，是由于照到"僵尸"上的光线通过两面镜子反射到人的眼睛中（即光路可逆），这就是潜望镜的工作原理。

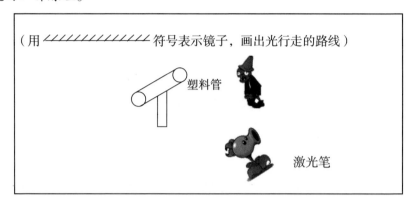

（用 ///////////// 符号表示镜子，画出光行走的路线）

塑料管

激光笔

图3 实验记录单2

七、实验方法设计

1. 先预测，再亲自实验，获取数据。在每一项分组实验前，都先让学生进行预测，养成先思考后动手的实验习惯，做到有理有据，培养学生的实验探究思维。

2. 三个实验环环相扣，层层递进，教师由扶到放，逐步引导学生自主设计探究实验。

3. 利用借助法，变"不见"为"可观察"。科学知识中许多研究对象是不能直接用肉眼观察的，如声音、光、热等。本实验教会学生借助肉眼可见的烟雾，使光路能够直接被肉眼观察，让实验证据更充分，以此培养学生实事求是的科学态度。

八、实验教学过程

第一关：探究镜子反射光的现象

1. 游戏：用镜子玩"植物大战僵尸"。

（1）谈话：同学们玩过"植物大战僵尸"吗？今天豌豆射手变身成激光射手，如果沿着这个方向进攻，激光会射向哪里？

（2）提问：谁有什么好办法能打败"僵尸"？

（3）谈话：如果现在要求你拿着镜子当激光射手，并且你的眼睛只能朝着图片所示激光射手的方向看，你还能打到"僵尸"吗？

（4）交流：问问同学们，为什么用镜子就能打到"僵尸"？为什么第二次进攻不看"僵尸"还能成功？秘诀在哪里？

（5）提问：同学们能将"光的反射"的过程，用图画的形式表现出来吗？

（6）交流：光在空气中是沿什么方向传播的？这样画是"僵尸"打植物还是植物打"僵尸"呢？谁再来完整地把"光的反射"画一遍？按照同学们画的轨迹，光原来是斜向下传播的，遇到镜子后，变成斜向上传播了，光传播的哪里发生改变了？

2. 演示：可视反射光路图。

（1）提问：这是我们自己画的，到目前为止，我们亲眼看到了这个过程吗？有没有办法能看到呢？

（2）教师演示：看到了吗？这像一个什么英文字母？当激光向下时，右边是什么样呢？激光向上呢？如果激光垂直向下呢？

（3）提问：这跟同学们的猜测一样吗？联想一下，光的这种现象和同学们接触过的哪些体育器材的使用很像呢？具体说说怎么像。

3. 小结：现在谁能用自己的话完整地说一说什么是光的反射？

第二关：探究不同物体反射光的现象

1. 分组活动：用"秘密武器"玩"植物大战僵尸"。

（1）提问：只有镜子能帮我们打"僵尸"吗？用其他物体代替镜子可以吗？

（2）谈话：你们看，这几样物品可以吗？现在请组长拿出抽屉里的记录单，用打钩、打叉的方式把预测的结果记录下来。

（3）活动要求：我们要打败的"僵尸"在这块立起来的板上，而激光射手只能朝这个方向射击，谁来说一说在用这些"秘密武器"攻击"僵尸"

时有什么需要我们注意的呢？完成实验后记得给这些"秘密武器"的使用效果按从强到弱排序，并且记录在记录单上。

（4）谈话：接下来我们就比比看哪个小组实验完成得既快又好。请操作员拿出抽屉里的托盘，开始实验吧！

（5）交流：通过新一轮的"植物大战僵尸"，同学们有什么新发现呢？这几样物品和镜子有什么共同特点？

2.发现并提出问题：物体的反射效果与什么有关？

交流：和镜子相比，这几样物品的反射效果有什么不一样吗？说说你是怎么判断出来的。为什么反射的效果会不一样？是什么影响了它们的反射效果？

3.小结：现在谁来说说第二轮的"植物大战僵尸"后你有哪些新收获？

4.谈话：几乎每样东西都可以反射光，大到离我们约38.44万千米远的月球，小到飘浮在空气中让人难以觉察的灰尘都能反射光。而且物体表面越光滑，反射光的效果越好。

第三关：探究潜望镜工作原理

1.分组活动：用两面镜子玩2.0版本"植物大战僵尸"。

（1）谈话：要彻底击败"僵尸"，你会选择哪一种武器？刚才同学们玩的是1.0版本的"植物大战僵尸"，现在游戏升级啦，接下来我们再用反射效果最好的镜子玩一玩2.0版本的"植物大战僵尸"。游戏的新要求是打败"僵尸"之前，激光要通过一只T形管子，你还有办法用镜子打败"僵尸"吗？

（2）画光路图：看来这次比之前的游戏更复杂，为了成功将"僵尸"打败，我们先要精密地部署一下作战计划，接下来以小组为单位讨论"作战图"，并记录在记录单上。请记录员拿出抽屉里的记录单开始吧。

（3）交流：哪个小组上来展示下商讨好的"作战图"？还记得神射手

的成功秘诀是什么吗?

（4）谈话：活动开始之前，谁来提醒下，有什么需要同学们注意的吗？接下来我们再来比比看哪个小组是神射手，既能看见"僵尸"，又能打败"僵尸"！请汇报员拿出抽屉里的另一袋器材开始实验吧！

（5）交流：成功的小组来分享下你们的作战心得。你们击败"僵尸"是利用了什么原理？

2. 谈话。

（1）仔细想想看，生活中有哪样工具和用两面镜子看到"僵尸"、打到"僵尸"很相似？

（2）你们看这是谁？他们在用潜望镜做什么呢？他们现在是在海底还是海面上？为什么在海底能观察到海面上的情况？为什么用潜望镜能实现呢？

（3）你能利用这节课所学，试着解释下潜望镜的工作原理吗？

3. 作业：动手制作一个简易的潜望镜。

九、教学反思与自我评价

本实验属于新课标中"物质的运动与相互作用"内容，"声音与光的传播"要求学生知道光遇到物体会发生反射现象，光的传播方向会发生改变。本节课是在学生知道光的直线传播规律的基础上，引导学生继续探究光的反射现象，知道光线照到不透明物体表面时光的传播方向会改变，进而了解光的反射在日常生活中的一些现象和应用。学生虽然对光的反射、潜望镜有所耳闻，但对光的反射就是光线照到物体表面后返回来这一概念不了解，同时对潜望镜很难道得清说得明，而这正是本节课的教学重难点。借鉴教材提供的探究活动，结合学生的认知能力、年龄特点等学情，本人对实验进行改进优化，希望通过实验突破教学重难点。本人认为优化后的实验具有以下三个优点。

1. 紧扣课题创新实验教学情境，激活学生思维。

有趣、切题的情境教学可以将学生的注意力引向教学内容，同时又能活跃课堂气氛。实验结合游戏，通过游戏任务"怎么打败'僵尸'？"引发学生思考，调动学生关于"光的反射"的已有知识经验，以解决新的问题。这不仅贴近学生的年龄特点，活跃了课堂气氛，而且让学生在玩的过程中收获知识和乐趣。

2. 结构性实验设计，有利于建构科学概念，突破教学重难点。

三个实验环节难度逐级升高，实验教学目标层层递进，循序渐进地帮助学生建构光的反射、表面光滑程度不同的物体反射效果不同的概念，同时为探究潜望镜工作原理这一探究难点做好铺垫。

3. 实验器材生活化，拓展实验探究时空。

实验选用学生生活中常见易得的器材，如瓷砖、镜子等，有利于学生在课后进一步进行探究，在一定程度上拓宽了学生对光学探究的时间和空间。

本实验的设计建立在学生发展需要和已有经验的基础之上，围绕核心概念设计了符合学生年龄特点、学生能够直接参与的各种探究活动。在有趣的探究活动中，学生自己提出问题、解决问题，最终解决重点、突破难点。同时本实验的活动也紧紧围绕着教材的技能训练重点"解释与建立模型"，力图通过活动使学生在这方面有所发展。在课堂教学中，教师应充当学生的引领者、亲密伙伴、学习活动的组织者，立足做到以学生为主体，让学生亲自去感受、感悟科学知识和精神，收获学习的快乐。

案例 2

《地下水》实验教学设计

设计者：厦门第二实验小学 张修含

指导教师：厦门第二实验小学 吴锦福

一、实验教学内容分析

（一）实验内容分析

实验《地下水》选自苏教版《科学》教材三年级上册第四单元第 13 课，可从科学探究、科学阅读的视角设计教学内容，通过观看地下水形成示意图及认识地下水的用途和补充方式两个活动，让学生初步了解地下水。

（二）课程标准要求

本实验对应的是新课标中的核心概念——地球系统，其中关于水循环概念第二学段的内容要求是：知道地球表面的海陆分布情况，说出河流、湖泊、海洋、冰川、地下水等主要水体类型。第二学段的学业要求为能说出地球表面海陆分布的概况和主要水体类型；初步具备记录实验过程、整理实验结果、得出实验结论和沟通交流的能力；对天气、水体、岩石、土壤等事物具有好奇心和探究热情，乐于动手实验，如实记录观察结果，具有用事实说话的意识。

二、学情分析

本实验的教学对象是三年级学生，从学习能力来看，学生在日常生活中接触最多的是生活用水，很少能列举冰川、地下水和沼泽等水体，更难理解地下水的形成，这使学生对水的价值存在认识的片面性。从思维水平来看，根据儿童认知发展理论，中年级学生认识自然事物的规律是从直观到抽象、从简单到复杂的。但地下结构对于学生来说是看不见、摸不着的，因此他们很难想象地下水的来源和成因。本实验给予学生亲手建模的机会，化地下"暗箱"为可视，让学生对地下水的成因有直观的认识。从学习态度来看，三年级学生乐于参与观察、实验、探究等科学活动，对未知事物充满了好奇心，有很强的求知欲。

新课标注重对学生科学思维的培养以及对探究实践的落实，着力提高学生的综合能力。因此，本节实验积极引导学生思考并主动参与探究，给予学生亲手建模的机会，增强可视化，让学生对地下水的成因有直观的认识，进而培养学生模型建构的能力，引导他们不断自主研究。

三、实验教学目标

依据课程标准，结合自制创新教具，制定本实验的教学目标和教学重难点如下。

（一）教学目标

科学观念：知道地下水的直接来源，能够简述地下水的成因。

科学思维：利用实验盒自主建构地下模型，能通过对比记录的现象，讲解地下水的成因。

探究实践：自主探究，主动思考模型与实际之间的联系，说出地下水的成因、水井的由来、过度开采地下水的影响。

态度责任：通过观察探究，体会合理开采和保护地下水的重要性，知道地下水资源匮乏带来的影响。

（二）教学重难点

教学重点：利用实验盒自主建构地下模型，能通过对比记录的现象，讲解地下水的成因。

教学难点：自主探究，主动思考模型与实际之间的联系，说出地下水的成因、水井的由来、过度开采地下水的影响。

四、创新实验设计

（一）原有实验存在的问题

1.利用教材原有教具教学时，不能清晰地展示地下水是从地表向下渗透而逐渐形成的，同时无法展示地下水存在于不透水的岩层之上（如图 4

所示）。

2. 实验装置操作简单，不能引导学生将水井与地层构造联系起来，不利于渗透结构与功能相适应的概念。

3. 缺少模拟过度开采地下水的实验，学生对于为何要保护地下水难以理解。

综上所述，站在学生的角度，采用教材实验开展教学，学生缺少探究空间，缺乏思维的加工，因此很难理解地下水的成因和价值，对科学素养的培养明显不够。

图 4　原教具实验

（二）实验器材

教具利用透明亚克力板制作而成，由地下水分层实验箱、水井、模拟地陷箱三部分构成。地下水分层实验箱由可以自由组装的实验盒构成，其中四个为底部带孔的盒子，一个为不透水的盒子，分别模拟土壤层、碎石层、可渗透岩层和不可渗透岩层。水井与地下水分层实验箱底部之间通过小孔连通。

（三）实验创新

1. 分层观察，自主探究。地下水分层实验箱（如图 5 所示），由可以自由组装的实验盒构成，学生可通过此装置建构地下模型。在模拟降水的活动中，对比观察水流经每一地层后的变化；探究发现地下水总是在不可渗透的岩层之上储存起来。学生动手动脑参与到地下水形成的全过程，实现从教会学生知识的教学到通过自主探究建构地下水成因的教学转变。

2.互连互通，直观认识。水井与地下水分层实验箱之间通过小孔连通，通过模拟降水的过程，学生可以直观水的下渗，并在探究中验证：只有打到储水层，井里才有水。本教具可让学生经历自主设计地层结构、验证、研讨、得出结论的过程，真正培养学生的科学探究能力。

3.直视危害，理解保护。学生模拟开采地下水的过程，直观过度开采地下水所带来的房屋和地面下陷、坍塌现象，初步了解地面下陷带来的危害。这也为五年级学习人类活动是地表变迁的重要原因做好铺垫。

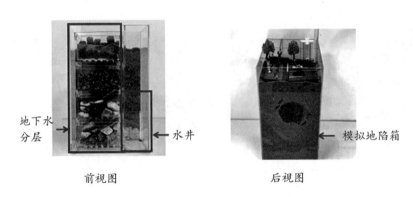

前视图　　　　　　　　　　后视图

图5　创新教具——地下水可视化模型

（四）实验原理

1.连通器原理：地下水分层实验箱与水井之间通过小孔连通。学生可以在模拟降水的过程中直观水的下渗，并在探究中验证、理解打井与地层结构之间的关系。

2.连通器原理：借助接有管子的水球模拟地下水开采，当管子的出水口低于进水口时，气球中的水会自动流出，让学生直观地认识过度开采地下水的危害。

五、实验方法设计

本实验教学主要引导学生采用模型建构法、比较观察法、合作探究法进行探究。

1. 模型建构法：在教师的指导下，学生自主建构地层结构，探究发现地下水形成的奥秘，增加实验的探究性。

2. 比较观察法：地下水分层实验箱由五个可以自由组装的实验盒构成，学生通过自主建构地层结构，对比水下渗后的变化，了解地下水的成因。

3. 合作探究法：通过模拟降水，学生可以直观水的下渗，并在探究中验证。模拟地陷装置，可以将过度开采地下水的影响可视化，并在此过程中渗透用证据说话的科学精神。

六、实验教学过程

（一）情境导入，提出问题

1. 情境导入：（出示图片）丰富的淡水资源孕育了包括我们人类在内的无数生命，但是和我们生活在同一片蓝天下的人们的生活却是这样的：常年缺水。他们是如何解决生活用水问题的呢？

2. 学生思考并回答：地下有水，人们可以通过打井来取水。

3. 有一位年轻的打井人，准备到附近村落打井。你认为他会遇到哪些问题呢？打井就一定有水喝吗？

①哪里才可能有井水？

②怎样才能挖到干净的井水？

4. 谈话：今天我们就当一次小小考察员，一起来研究一下吧！

【设计意图】创设真实情境，将学生的思维聚焦到地下水上。让学生在真实情境中提出问题，为后续学生自主建构储水地层、探究地下水的成因做铺垫。

（二）初次建模，形成假设（你认为什么样的地层结构能挖出干净的水？）

1. 谈话：我们可以做一个地层结构的模型，进行模拟实验。

2. 学生分组构建模型。（设计图——标注出需要的材料、画出具体的模型设计图，如图 6 所示）

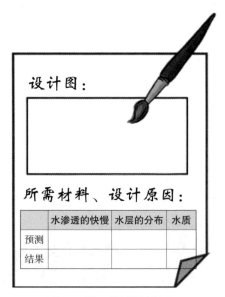

	水渗透的快慢	水层的分布	水质
预测			
结果			

图 6 地下模型设计图

3. 学生交流并汇报自己的思考，说说自己模型建构的理由（如水质、水层分布、水渗透快慢与地层结构之间的关系等）。

【设计意图】本环节中，学生化身考察员，充分调动其前概念，以设计存在干净地下水的模型为主线，以问题为载体，经历提出问题—做出假设—建构模型—分析论证—完善模型—得出结论的过程，为探究地下水的存在提供了有利的脚手架。这既锻炼了学生建构模型的能力，又培养了学生利用所学所想去探究、分析、解决生活中真实问题的能力。

（三）动手实践，修正模型（在模拟降水的活动中，观察地下水主要存在于哪儿）

1. 学生模拟降水。

2. 学生观察、记录并汇报。

3. 引导学生分析自己的预测与实验结果的差距，查找原因。

4. 引导学生自主修改、设计便于实验、观察的分层地下模型。

【设计意图】学生在模拟降水的活动中，观察水渗透的快慢、水层的分布、浑浊程度，分析预测与结果不同的原因，并进一步修改模型。整个教学过程以学生为核心，教师引导学生自主设计、搭建地下模型，参与到地下水形成原因探究的全过程。这充分体现了实验的探究性和学生参与的自主性。

（四）建模探究，解决问题

1.（出示地下水分层实验盒）学生利用分层实验盒进行进一步建模探究。

2.谈话：如何设计探究地下水存在于地下位置的实验呢？

3.学生思考并回答。

4.谈话：如何设计探究井水的水质与不同地层结构之间关系的实验呢？

5.学生思考并回答。

6.打井打到哪一地层，井中水位才会上升呢？

7.学生分组实验并记录。（地下水分层实验记录单如表3所示）

表3　地下水分层实验记录单

	地层	水质的变化情况	储水层（打√）	井水水位是否上升	地层	水质的变化情况	储水层（打√）	井水水位是否上升
第一层	＿＿层（　）cm				＿＿层（　）cm			
第二层	＿＿层（　）cm				＿＿层（　）cm			
第三层	＿＿层（　）cm				＿＿层（　）cm			
第四层	＿＿层（　）cm				＿＿层（　）cm			

我的发现：

①水从地表下渗后，水质的变化规律是_____。

②储水层在_____。

③打井打到_____地层时，井里水位会上升。

8. 学生展示实验记录单并汇报。

9. 教师小结。

10. 教师拓展：事实上，地下结构要比我们今天所做的地下模型复杂得多；想要打井就要先做地质勘探；有些地方挖到比较深才有水；挖的井水有的清澈，有的浑浊，这都和不同的地质结构息息相关！

【设计意图】地下结构与学生的生活很难建立直接的联系。本环节让学生自由组合实验盒，进行个性化的探究，并在多组探究、记录中总结规律：水下渗后会不断变干净、地下水总是在不可渗透岩层之上储存起来，打井与地质结构息息相关。整个教学过程以探究为核心，学生自主搭建地下模型，动手动脑建构有关地下水成因的概念，真正提升科学探究能力。

（五）直视危害，理解保护

1. 谈话：当前，中国仍然有四百多个城市以地下水为饮用水源。随着时代的发展，地下水的状况并不乐观。接下来，让我们分组模拟地下水开采，看看过度开采地下水会给人类的生活带来怎样的影响。

2. 学生分组实验，观察记录现象。

3. 学生汇报交流过度开采地下水的危害。

4. 教师介绍目前人类想办法补充地下水的方法。

作业：同学们可以继续思考，如何构建一个海绵城市来补充地下水？

【设计意图】通过模拟过度开采地下水，造成地面部分建筑及房屋坍塌、井水下降，让学生认识到过度开采地下水的危害，懂得节约用水，保护环境。同时，为后续学生学习人类活动是造成地表变迁的主要因素埋下伏笔。

七、教学反思与自我评价

1. 实际问题为载体，实践探究育素养。

本实验以实际问题为载体，创设真实的情境，让学生像科学家一样去思考、自主设计含干净井水的地层模型，亲身经历地下水形成的全过程，以培养学生利用所学所想去探究、分析、解决问题的能力。

2. 实证探究获成果，突破教学重难点。

学生通过模拟降水，充分利用可视化实验盒完成建模、对比、探究活动等，亲眼见证地下水形成的全过程，有效地提高了根据实际现象分析、实证的能力。本实验化抽象为具体直观，成功突破了教学重难点。

3. 合理创新效果好，科学学习兴趣浓。

在地下水分层实验中，学生自由设计地层结构，对比观察水下渗后的变化。在探究过程中掌握控制变量法、多次实验等科学方法，提高了学生收集处理信息、分析解决问题的能力，也充分激发了学生科学探究的兴趣，增强了学生自主探究的主人翁意识。

4. 生本课堂为理念，学生主动乐成长。

本实验以设计存在干净地下水的模型为主线，让学生像科学家一样经历提出问题—做出假设—建构模型—分析论证—得出结论的过程，培养学生的模型建构能力和科学探究能力。

结合两个实验教学设计案例，不难发现，两个案例均能立足学生科学核心素养的发展，从学生的学习需求出发，关注学生如何根据探究问题进行方案的设计，激发学生自主参与、动手动脑、经历探究。同时，还关注到如何组织学生运用所学知识和方法解决真实情境中的问题，实现知识的应用与迁移，融会贯通，运用已知解决未知，形成知识体系。

综合两个案例，小学科学实验教学设计思路包括以下三点。

1. 实验教学任务分析。包括实验内容（名称）、实验目标、实验原理、实验器材、实验方法等。在定位实验目标时，教师应该研读课程标准，基于课程标准对实验目标进行精准定位；明晰学生已有的知识基础、能力基础、后续的知识和能力生长点，为教学的有效实施提供方向。在明确实验目标后，教师需要对实验的内容进行深入研究，把握该实验的基本原理、实验所用的器材以及基本的方法。这些内容建议教师自己动手进行操作。通过操作，才能清楚地认识要达成实验目标，学生可能存在的难点、误区在哪里，学生在实验操作过程中可能存在的干扰项目是什么，为后续实验的有效设计扫清障碍，同时确保对实验原理、实验器材选用、实验方法的设计不会出现偏差，遵循实验教学设计的科学性、安全性原则。

2.**实验教学过程设计**。有了清晰的实验教学任务分析，教师对实验内容的把握更加精准，整个实验教学过程围绕实验目标的达成而展开。仔细分析案例1，其实验教学设计流程包含：探究镜子反射光的现象，探究不同物体反射光的现象，探究潜望镜的工作原理。第一关旨在通过创设游戏情境，让学生在亲身经历中发现问题，聚焦问题，初步感知"光的反射"的概念。学生带着思考进入第二关活动，在活动中清晰建构"光的反射"的相关认知。在第三关中，通过制作潜望镜，学生学以致用。案例2则包含情境导入，提出问题；初次建模，形成假设；动手实践，修正模型；建模探究，解决问题；直视危害，理解保护。以上五个环节的设计，有效搭建了师生共生、生生共生、师生与环境共生的平台，优化了学生的学习方式和教师的发展方式。两个案例的设计既符合课程理念，又遵循了探究性、主体性、层次性、德育性原则，有效实现了实验教学目标，发展了学生的科学核心素养。由以上两个案例可知，实验教学过程设计的基本结构是：创设情境，聚焦问题—联结经验，做出假设—实践操作，建构新知—拓展延伸，学以致用。

3.**实验教学实施反思**。所谓"反思"，其实是一种思维活动，是对于实践经历的自省，目的是消除困惑、解决问题、促进实践。由于不同班级的情况各不相同，同班级中不同学生也存在差异，同样的教学设计不同教师的理解不同，因此，在实验教学设计中，教学反思十分必要。教学反思可以让教学实施者清晰认识在教学实施过程中自身行为的有效性，可以更新教学理念、改进教学方法、转变教学行为等，为后续相关教学实施提供参考和借鉴。实验教学反思可以从实验目标定位、实验器材服务于学生探究的实效性、实验方法的选择、实验教学环节设计、实验教学的成效等方面展开。

［1］中华人民共和国教育部.义务教育科学课程标准［S］.北京：北京师范大学出版社，2022：6-7.

［2］程思宁.利用移动终端让"暗箱课"变暗为明：以执教《食物的旅行》为例［J］.科教导刊，2021（30）：51-53.

［3］邹子兴.对微课在小学科学实验教学中的运用思考［J］.科学咨询（科技·管理），2019（07）：94.

［4］张彩琴.小学科学实验改进：原则、策略及建议：以《风的成因》一课为例［J］.基础教育课程，2021（06）：65-71.

［5］陈容斌.小学科学低成本实验的开发［J］.教学与管理，2020（23）：56-58.

第二部分

实验教学创新案例

《太阳的位置和方向》实验教学创新案例

天津财经大学附属小学　张明

一　实验教学背景

本实验是针对教科版《义务教育教科书　科学》二年级上册第一单元第3课设计的。根据《义务教育科学课程标准（2022年版）》进行分析，本课的课程内容指向"宇宙中的地球"这一核心概念，涉及"9.2 地球绕地轴自转"这一学习内容。

二　实验教学目标

科学观念：根据课前的观察记录，用代表"早、中、晚"的三个太阳磁扣标记太阳的位置。

科学思维：能在教师的指导下，辨别二维空间中的"东西南北"和"上下左右"。

探究实践：能够在"一天中太阳的位置在发生有规律的变化"基础上，根据太阳的位置辨认方向；根据实景模型制作方向卡，作为日常判断方向的工具。

态度责任：能如实记录观察到的信息；在好奇心驱使下，对常见生活现象表现出直觉兴趣。

三 实验改进创新

（一）实验器材

太阳与方位实景模型由两部分构成，一部分是由木塑板和铁丝组成的实景模型：以木塑板作为模型的整体，模拟地面以及校园教学楼和礼堂等建筑物；弧形铁丝代表太阳视运动轨迹；太阳磁扣作为标记可以贴在早、中、晚相应的位置上。另外一部分是模型底板上的操场卡片（由学生填写方向）。

对于二年级学生来说，方向的空间认知是有难度的，学生在东、南、西、北四个方向的空间位置关系认知及方向与太阳位置相对关系的理解方面存在很大差异。因此，根据学生的认知能力以及对教材的理解，本实验对教材设计的活动进行了适当调整，设计了太阳与方位实景模型，帮助学生认识太阳与方向之间的关系，在"摆一摆、想一想"的过程中建构方向之间的位置关系模型——方向卡，与学生最熟悉的口诀相对应，加深他们对方向位置关系的理解。学生不仅理解了知识内涵，而且能够应用于实践，解决生活中的实际问题，提高科学思维能力和解决实际问题的能力。

（二）实验原理

依据学生的认知水平，将太阳视运动轨迹图进行了简化，并用立体模型呈现出来。模型能够呈现学生们每天观察太阳的真实场景，主要由校园中的建筑物和太阳视运动轨迹组成，可以帮助学生将太阳的位置与学校建筑结合起来，便于他们根据太阳位置辨认方向。

四 实验教学过程

学生要对"一天中太阳的位置变化"的真实情况，有亲身观察的经历。

课前，教师带领学生连续一周在同一位置，安全地观察并记录早晨、中午和傍晚三个时间的太阳位置，最后以小组的形式将本组的观察记录汇总在展示板上。这样做的目的有三个，一是让学生在每天的观察和记录中，发现早晨、中午和傍晚太阳的位置大致是相同的，并且位置会随着时间不断地变化；二是在汇总、分析班级记录的过程中，引导学生发现在一周的时间里，太阳的位置变化有规律的，而正是因为太阳的位置变化有规律，我们才能利用太阳的位置来辨认方向；三是对太阳位置的记录也帮助学生形成对校园、操场和教学楼等具象物体的空间感知，为下一环节使用校园模型做铺垫。

（一）认识模型，模拟真实观察场景

1. 出示并观察模型。

2. 学生根据观察记录在模型上用太阳磁扣标记太阳早、中、晚的位置。

实验意图：将课前学生汇总的早晨、中午、傍晚的太阳位置用模型清晰地呈现出来，不仅能够还原学生每天观察记录的真实场景，也是对太阳位置有规律变化的再一次呈现。

（二）第一次辨认方向，呈现学生关于方向的前概念

1. 提问：现在我们找到了早晨、中午、傍晚太阳在校园的位置，你能根据太阳的位置找一找操场的东、南、西、北吗？小组里商量，把你们判断的方向填在括号里（学生分组活动）。

实验意图：学生根据太阳的位置初次辨认校园操场的方向，清楚地展示他们的真实想法。

2. 讲述：出现了几组不同的判断结果，说说你们是怎么判断的。

（三）教师指导依据太阳辨认方向

1. 提问：还记得老师要求你们根据什么来辨认方向吗？为什么能根据太阳的位置辨认方向？引导学生回答：太阳的位置；因为太阳位置的变化有规律。

2. 根据太阳的位置重新确定操场的四个方向。

提问：你能根据太阳的位置先确定哪两个方向？引导学生回答：东和西，因为太阳东升西落。

3. 带领学生明确东、南、西、北四个方向的位置关系，并记录在操场图上。

实验意图：教师带领学生根据太阳的位置重新确认东、南、西、北四个方向，明确四个方向之间的位置关系。此环节从学生最容易想到的太阳东升西落入手，学生可以清晰地在模型上沿着太阳的运动路线找到日出和日落时的太阳位置，进而确定东、西两个方向。

（四）学习方向卡的使用

1. 在教室中模拟练习，学习方向卡的使用方法。

2. 操场实践，利用方向卡辨认方向。

实验意图：在明确方向卡上的方向位置关系以及方向卡的使用方法后，带领学生到校园操场上辨认方向。这里安排了一个前北后南、左西右东的方向让学生辨认，引导学生发现这就是刚才提到过的口诀，做到首尾呼应。其实口诀没有错，东、南、西、北的位置关系是固定的，只是因为面对的方向不同。

专家点评

日常生活中，低年段学生习惯用"前、后、左、右"来描述位置和方向，本实验通过研究太阳的位置来辨别东、南、西、北四个方向，对二年级学生来说具有一定的挑战性。本案例借助太阳与方位实景模型和方向卡力求直观地呈现太阳位置的变化和四个方向的位置关系，帮助学生建构知识体系。实景模型的设计能够真实地呈现学生每天观察太阳的场景，帮助学生将太阳的位置与学校建筑结合起来，便于他们总结太阳的运动规律。

　　本实验采用了观察记录和实践练习相结合的方式，让学生亲身参与到实际观察和辨认方向的过程中。通过自主观察和记录，学生能够深入理解太阳位置的变化规律，并通过实践练习巩固所学知识。实验注重引导学生自主探索和发现知识，强调学生的实践应用能力。学生通过总结太阳位置的变化规律，形成了对校园具象物体的空间感知。

　　美中不足的是学生虽经过观察、记录、整理信息，归纳出太阳位置的变化规律，但没有将这个规律与方向建立联系。太阳与方位实景模型这个学具的设计虽然力求直观，但二年级学生的代入感不够强，若能设计为 VR 实景地图，再结合学生对太阳的观察记录，效果会更加理想。

《空气能占据空间吗》实验教学创新案例

江西省宜春市宜阳学校　林传秀　罗潇怡

一　实验教学背景

　　本实验是针对教科版《义务教育教科书　科学》三年级上册第二单元第2课《空气能占据空间吗》设计的。教材采用"纸和杯子"实验来验证空气能占据空间。空气是看不见摸不着的，学生操作不慎极易造成实验失败。改用两个连通瓶来进行实验可以形象直观地感受液体和空气的空间转换，但是由于操作过程过于简单，学生仅仅停留在直观感受空气占据空间的阶段。因此，改用三个连通瓶来进行实验，使空气占据空间的现象更明显直观，实验过程由静变动，调动了学生对这一实验的探究兴趣，让他们能更加明确空气占据空间这一科学概念。实验改进过程如图1所示。最后让学生利用所学的"空气能占据空间"这一科学概念，小组合作解决问题：在不倾斜瓶子的情况下，让水从瓶中冒出来。

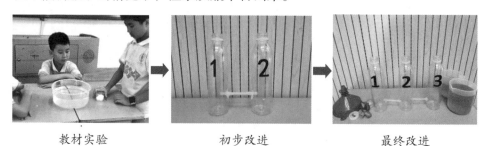

教材实验　　　　　　初步改进　　　　　　最终改进

图1　实验改进过程

二 实验教学目标

科学观念：知道空气占据空间。

科学思维：能够分析事物的特征及结构，建立事实与观点之间的联系。

探究实践：用实验证实空气确实占据空间，在实验的基础上，让学生进行猜测并解释。

态度责任：培养学生乐于实验、实事求是、认真细致的科学态度。

三 实验改进创新

（一）教材中"纸和杯子"实验可能会由于学生操作不当而失败，进而选用"三个连通瓶"代替"纸和杯子"。

（二）选择使用气球代替瓶盖封口，可观察到瓶口气球的鼓起与瘪下，学生能直观感受到空气的存在及占据空间；用有色橡皮圈标记水位高度并将水染成红色，便于学生对比观察水位的升降变化。

（三）选用可插入试管的锥形瓶、打气筒、水槽来代替教材第二个实验采用的塑料瓶、橡皮泥、吸管。

四 实验教学过程

（一）创设情境，激发兴趣

让学生用塑料袋进行"抓空气"和"放空气"小游戏，初步感知空气是占据空间的，激发学生对科学探究的兴趣。

（二）师生合作，小组探究

在进行实验之前，先向学生展示往敞开的连通器中注水。静止时，连通器中水面相平，证明自制连通器是连通的。设计如下探究实验——通过观察连通器中的水位高度变化来证明空气占据空间。

1.学生进行小组探究实验，如图2所示。实验步骤、实验过程中的现象及实验结论见表1。

图2 学生进行初步探究实验

表1 初步探究空气占据空间

实验步骤	实验现象	实验结论
盖紧3号瓶盖，用气球封住2号瓶口，再往1号瓶中注水	1号瓶水位高于连通管口； 2号瓶中有一点点水，且瓶口气球鼓起； 3号瓶中没有水	空气占据一定空间

2.小组继续探究，如图3所示。实验步骤、实验过程中的现象及实验结论见表2。

图3 学生进行再次探究实验

表 2　再次验证空气占据空间

实验步骤	实验现象	实验结论
打开 3 号瓶盖	1 号瓶中的水进入 2 号、3 号瓶中，且最终 1 号、3 号瓶的水位高于 2 号瓶	空气占据一定空间
标记 2 号瓶水位高度，再次往 1 号瓶中注水	1 号、3 号瓶水位同时上升，最终 1 号、3 号瓶水位相同，2 号瓶水位不变	

3. 小组继续探究，如图 4 所示。实验步骤、实验过程中的实验现象及实验结论见表 3。

图 4　学生进行最终探究实验

表 3　最终明确空气占据空间

实验步骤	实验现象	实验结论
盖紧 1 号瓶盖，用气球封住 3 号瓶口，并标记 1 号、3 号瓶水位高度，再挤压 2 号瓶口的气球，使气球中的空气全部进入瓶中	1 号瓶水位不变，2 号瓶水位下降，3 号瓶水位上升且瓶口气球鼓起，2 号、3 号瓶水位高度变化大致相同	空气能占据空间
打开 1 号瓶盖，扎破 3 号、2 号瓶口气球	1 号、3 号瓶水位同时下降，2 号瓶水位上升，且最终三个瓶水位相同	

整个实验通过连通器中水位高度的变化，让学生直观地感受到看不见、摸不着的空气确实占据空间。

（三）小组合作，解决问题

同学们都听过"人往高处走，水往低处流"。让学生分成小组，利用课上所学知识和准备好的实验器材，在不倾斜瓶子的情况下，让水从瓶中冒出来，展现水往高处流的神奇现象（见图5）。

图5　小组合作探究"水往高处流"

将没有插入水中的玻璃管称为A管，插入水中的玻璃管称为B管。通过观察学生小组实验过程发现，有的小组直接往B管中打气，没有水流出；有的小组直接往A管中打气，有水从B管流出。教师向学生提问：产生以上实验现象的原因是什么？学生小组讨论并回答问题。在学生小组实验过程中，还发现有学生不断往A管中打气，打到一定程度，没有水从B管再流出来了。基于此，教师继续向学生提问：产生以上实验现象的原因是什么？学生小组继续讨论并回答问题。

学生通过自主设计和操作实验，亲身感受到科学的神奇力量，同时也激发了学科学的兴趣，突破了本节课的难点。

（四）拓展延伸、学以致用

在拓展延伸、学以致用的环节中，教师让学生举例说明生活中运用"空气占据空间"的例子，如游泳圈、篮球、充气沙发、充气泳池、充气船等，当车的轮胎没有气时，就需要往里面注入空气（播放给轮胎打气的视频）。"空气占据空间"给我们的生活带来了很多便利，然而有时也是一种困扰，如当我们的衣橱空间有限时，就需要抽出收纳袋中的空气，减少占据空间（播放抽出收纳袋中的空气视频）。

这一环节的设计让学生明白科学来源于生活，学好科学才能更好地服务于生活。

专家点评

本实验攻破的重点和难点是变看不见的空气为"看得见"。"纸和杯子"实验是通过分析"纸为什么不湿"推理出空气占据空间，实验要求纸要紧紧塞在杯子底部，而纸团本身的形态也会影响实验效果，容易导致实验失败。本案例中，教师用"三个连通瓶"代替"纸和杯子"实验，且用气球代替瓶盖封口，用有色橡皮圈标记水位高度并将水染成红色等，这些新的创意使得实验过程更加直观、生动，有利于学生更好地理解空气占据空间的概念。

案例中教师利用三瓶连通装置，设计了三个探究实验。第一个实验现象激发学生提出"空气占据空间"的假设，第二个实验初步验证学生的假设，第三个实验再次提供证据，三个实验可以随意改变顺序或增加实验方法。这样的装置极大地激发了学生的探究兴趣，引发学生深入思考。确认空气占据空间后，教师又设计了解决问题的环节。采用小组合作、自主探究的方式，能够让学生在实验过程中充分发挥主观能动性，通过观察、思考、讨论等方式，自主发现和解决问题，这也充分体现了新课标中探究实践维度的学业要求。

值得注意的是，三瓶连通器的制作要求更加严格，且美观度不足。由于是塑料瓶，如果有学生在进行小组实验时捏瓶子，就很容易导致实验不准确或密封口破裂，建议换成玻璃容器或进行形状加固处理。

《我们来做"热气球"》实验教学创新案例

四川省成都七中初中附属小学　郭峥

 实验教学背景

（一）教材与课标解读

本实验是针对教科版《义务教育教科书　科学》三年级上册第二单元第 6 课设计的。本课的课程内容指向"物质的结构与性质"这一核心概念，涉及"1.2 空气与水是重要的物质"这一学习内容。同时，通过这个实验的学习，进一步帮助学生理解"物质与能量"这一跨学科概念。本实验内容对应新课标"学生必做探究实践活动"中的"观察热空气上升现象"实验活动。

热气球升空是生活中有趣的现象，三年级的学生对此很感兴趣，而且对热气球需要受热才能升空这一前概念有一定的认识，但是很难解释热气球受热后是怎样飞起来的。本实验从热气球的升降现象引发学生思考讨论，通过指导学生制作"热气球"，让学生对"热空气上升"的现象形成感性认识，并尝试根据自己的理解，用语言有逻辑地解释"热气球现象"。

（二）教材实验分析

通过试教，发现本课的实验器材及设计存在以下几点不足。

1.使用教材配套的实验器材，在实验过程中存在安全隐患，学生在操作过程中容易点燃纸筒发生安全事故。若用 PVC 管代替纸筒进行实验，12 个小组的 PVC 管占地空间大、不易收纳。

2. 实验使用的塑料袋有一定的高度，实验过程中学生需要抓着塑料袋顶端，难以专心观察袋内空气的变化。学生年龄较小，掌控塑料袋的精准度有限，容易使塑料袋离火源太近而被烧化。学生很难把控放手时间，放手过早，塑料袋塌陷易被烧着；放手过晚，实验现象不明显，导致实验失败。

3. 学生只能用手感受热量的变化，释放"热气球"后，学生无法直观地将"热气球"内空气的冷热变化与"热气球"的升降联系起来。

4. 学生活动手册记录表引导不够细致，无法完全呈现学生的思维过程。

二 实验教学目标

科学观念：知道空气受热后会上升，变冷后又下降。

科学思维：对"热空气上升"的现象形成感性认识；能够将"热气球"内空气的冷热变化与"热气球"的升降联系起来。

探究实践：能够通过模拟实验，用自己的语言有逻辑地解释"热气球现象"。

态度责任：积极参与实验探究，认真记录实验现象，并分析总结得出实验结论。

三 实验改进创新

为了更好地实现本实验的教学目标，突破本课的重难点，基于《义务教育科学课程标准（2022 年版）》的素养导向、加强实践、体现进阶设计三个特点，我对本课的实验做了以下改进，实验改进思路如图 1 所示。

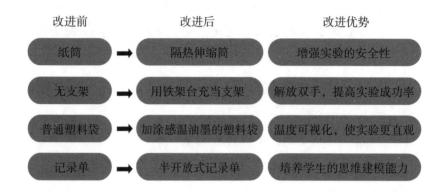

图1 实验改进思路

（一）将纸筒改进为一体式隔热伸缩筒

采用隔热材料（抽油烟机的排烟管）制作可伸缩的热气球筒，并将蜡烛固定在底座上，材料易得，价格实惠，便于收纳；方便操作的同时提高了实验的安全性，还可以根据蜡烛的高度调节保护罩的高度，使实验效果更明显。

（二）增置铁架台作为支架

铁架台是实验室配备的基础器材，在日常教学中方便易得。用铁架台作为支架，让"热气球"稳固地套在实验装置之上，解放学生的双手，让学生在实验过程中可以轻轻触碰"热气球"表面，感受热空气的膨胀，也可以轻拽"热气球"底端，感受"热气球"的升力，更加便于学生全方位观察实验现象，得出实验结论。同时，使用铁架台作为支撑，"热气球"可以自行上升，无须学生判断放手时间，大大提高了实验成功率。

（三）在塑料袋内部涂抹感温油墨

学生能够直接观察到感温油墨颜色的变化，从而判断塑料袋内空气的温度变化，达到将"热空气上升"原理可视化的目的，进而帮助学生将"热气球"内空气的冷热变化与"热气球"的升降联系起来。三年级学生在以前的学习中还没接触过感温油墨，因此需要播放视频帮助学生理解感温油墨的性质。

（四）采用半开放式记录单

新课标注重培养学生的科学思维，采用半开放式记录单能够引导学生观察记录加热前、加热后、上升后塑料袋形状及温度的变化，培养学生的思维建模能力，帮助学生思考总结，符合三年级学生的认知水平，也契合新课标中 3 ~ 4 年级的学段目标，做到了"三适合和两遵循"。这种记录单直观地呈现了学生的思维过程，如表 1 所示。

表 1　我们来做"热气球"实验记录单

	加热前	加热后	上升后
探究过程	感温油墨的颜色： □红色　□无色 "热气球"的形状： □干瘪　□膨胀	"热气球"的运动趋势： □上升　□不变　□下降 感温油墨的颜色： □红色　□无色 "热气球"的形状： □干瘪　□膨胀	"热气球"的运动： _____ 感温油墨的颜色变化： _____ "热气球"的形状变化： _____
我的发现	空气受热后会＿＿＿＿，变冷后会＿＿＿＿。		

四　实验教学过程

（一）激趣引入，聚焦核心

播放一段热气球起飞的视频，激发学生兴趣，引导学生提出本实验的核心问题：热气球为什么会上升？鼓励学生思考并做出初步的解释。

（二）设计方案，模拟实验

根据学生的初步猜想，提出驱动性问题：怎么模拟制作一个"热气球"？推动课堂发展，促进课堂生成。

出示改进后的实验器材：内部涂有感温油墨的较大塑料袋、一体式隔热伸缩筒（隔热筒与蜡烛）、铁架台、火柴、湿抹布、废液缸，启发学生根据材料和热气球结构之间的联系来设计实验，提高学生的探究能力和创新意识，引导学生由真实情境转到模拟实验，化抽象为具体，主动建构知识。

三年级学生对热气球升空现象有着浓厚的兴趣，因此在正式实验前，教师需引导学生根据本小组的实验设计进行初次放飞"热气球"实验。这一过程中，学生会发现有的小组"热气球"成功升空，有的小组"热气球"没有升空。这一环节在满足了学生好奇心的同时勾起了他们的求知欲，再次聚焦到"热气球为什么会上升"这一核心问题，顺应学生需求，引导学生进一步思考，对本组实验设计进行改进和完善。

接着，指导学生根据改进后的实验设计进行第二次模拟实验，有了第一次的实验经验，学生将会更仔细、更全面地观察实验现象，进行深度思考，从而掌握本实验的重点。接下来演示实验过程。

1.点燃蜡烛，要注意安全。点燃后熄灭火柴，将熄灭的火柴梗丢弃到废液缸中；调整隔热伸缩筒到合适高度。如图 2 所示。

图 2

2.向涂有感温油墨的塑料袋里注入空气，使其完全展开，以防静电的影响。

3. 将塑料袋罩在铁架台上，观察铁架台是否能够支撑塑料袋的中间部分，调整位置。检查塑料袋能否完全张开，留意装置是否会对"热气球"的升空造成阻碍。检查完毕后，观察实验现象并记录，如图 3 所示。

图 3

4. 整理实验器材。

（三）描述现象，总结结论

通过实验学生发现，加热前，感温油墨呈红色，"热气球"干瘪。加热后，感温油墨逐渐褪色，说明"热气球"内空气温度升高，同时"热气球"开始膨胀，有上升趋势。"热气球"上升到一定高度后，感温油墨逐渐变回红色，"热气球"下降，如图 4 至图 7 及表 2 所示。

改进后，学生能够直观地观察并描述感温油墨的颜色以及塑料袋形状的变化，半开放式记录单帮助学生理清思路，对"热气球为什么会上升"这一问题进行综合分析和推理，最终得出结论：空气受热后会膨胀上升，变冷后又下降，进而突破本节课的难点。

图 4

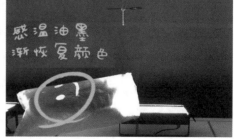

图 5

图 6　　　　　　　　　　　　　　　图 7

表 2　我们来做"热气球"实验记录单

	加热前	加热后	上升后
探究过程	感温油墨的颜色： ☑红色　□无色 "热气球"的形状： ☑干瘪　□膨胀	"热气球"的运动趋势： ☑上升　□不变　□下降 感温油墨的颜色： □红色　☑无色 "热气球"的形状： □干瘪　☑膨胀	"热气球"的运动： ↑↓ 感温油墨的颜色变化： 白→红 "热气球"的形状变化： 膨胀→干瘪
我的发现	空气受热后会＿＿上升＿＿，变冷后会＿＿下降＿＿。		

（四）联系生活，应用迁移

最后，教师出示"孔明灯"视频，让学生学以致用，解释其飞行的原理，思考为什么孔明灯会升得很高，而我们的"热气球"只能上升一定高度；帮助学生对所学知识进行迁移，加以巩固和应用。

专家点评

实验材料创新是实验教学的重要组成部分，可以激发学生的兴趣和创造力。本案例为模拟热气球实验，教师将作为加热辅助装置的纸筒改进为一体式隔热伸缩筒，采用隔热材料制作可伸缩的热气球筒，并将蜡烛固定在底座上，材料易得，价格实惠，便于收纳。同时，改进后的实验材料提高了实验的安全性和成功率，使实验效果更明显。另外，教师巧妙地运用感温油墨给模拟热气球主体的塑料袋做了标记，使温度的变化可视化。

模拟实验是小学科学实验教学中的重要类别，本案例是用蜡烛、伸缩筒、塑料袋等材料模拟热气球升空的实验，在教学过程中，教师比较注重学生科学思维的培养，引导学生观察真实热气球的运动，设计模拟实验的方案，经历多次模拟实验，分析、推理出热气球升空的原理。另外，教师采用半开放式记录单启发学生思维，培养了学生的信息分析能力和逻辑推理能力，将学生思维更直观地呈现了出来，注重提升学生的科学思维和科学品质。科学思维是科学核心素养的核心，在此案例中体现得很充分。

需要改进的地方有两点：一是建议在伸缩筒上加装手柄，便于点燃蜡烛后调整伸缩筒的高度，同时手柄也可起到立柱的作用，保证多次使用后伸缩筒不塌缩；二是建议学生参与实验操作，而不是作为旁观者，安全起见可以让两名学生撑开塑料袋口，亲身感受热空气上升的力量。

《水结冰了》实验教学创新案例

湖北省武汉市光谷第二小学　唐双凤

 实验教学背景

本实验是针对教科版《义务教育教科书　科学》三年级上册第一单元第3课设计的。根据《义务教育科学课程标准（2022年版）》进行分析，本课的课程内容指向"物质的变化与化学反应"这一核心概念，涉及"2.1 物质的三态变化"这一学习内容。

二 实验教学目标

科学观念：通过观察和测量水结冰实验，认识到当水的温度下降到0℃时开始结冰，变成固体状态，并且体积会增大。

科学思维：用比较的方法，知道水和冰可以相互转化。

探究实践：在观察水结冰实验过程中，能用温度计等测量并记录水结冰时的各种变化。

态度责任：在观察水结冰实验过程中，能产生对物质状态变化的兴趣。

三 **实验改进创新**

（一）实验器材

自制水结冰实验装置，如图 1 所示。具体包括真空双层玻璃杯、电子温度计、试管、低温饱和食盐水、自制珍珠棉杯盖、单圈扁平橡皮筋、橡胶塞。

图 1　自制水结冰实验装置

（二）实验设计思路

1.针对不便观察实验现象这一问题，将烧杯替换为真空双层玻璃杯，真空层可对冷冻液进行保温，杯壁不易结霜，可视性强；球形杯壁还可以放大实验现象，使学生能清晰地从各个角度观察到水结冰的过程。

2.针对不便观察实验现象这一问题，将碎冰和食盐替换为低温饱和食盐水，它无色透明，凝固点为零下 20℃，放在冰箱中取出仍为液体状态。改进后，水结冰的过程更加清晰明了。低温饱和食盐水和试管充分接触，缩短了水结冰的时间，而且材料简便易得，直接从冰箱中取出就能投入教学，还可以重复使用。

3.针对装置固定不稳这一问题，用自制珍珠棉杯盖代替手持试管。珍珠棉易打孔，做成杯盖固定牢固，解放了学生的双手，学生能将注意力更多地放在实验现象本身的观察上；此外，还能防止由于低温饱和食盐水升温太快而导致的水结冰不明显现象的发生。

4. 针对体积变化标记不明显这一问题，用单圈扁平橡皮筋代替黄色橡皮筋，不需要多次缠绕，刚好贴合试管壁，就能使得体积变化标记明显。

5. 针对温度计精确度不够这一问题，用电子温度计代替玻璃棒式温度计，改进后所测得的数据精度更高，反应更快，且能即时地反映温度的细微变化，使实验数据更具有科学性，为学生准确建构水在0℃开始结冰的知识提供了有力证据。

（三）实验原理

在标准大气压下，水结冰的温度是0℃，且结冰后水的体积会增大。使用自制水结冰实验装置时，在真空双层玻璃杯中加入低温饱和食盐水，在试管中加入少量水，将黑色单圈扁平橡皮筋固定在试管水位处，用橡胶塞将电子温度计固定在试管口。在实验过程中，学生可通过全透明的装置从各个角度观察到水结冰的过程，通过电子温度计测出水结冰时的精确温度，且单圈扁平橡皮筋能清晰地标记水结冰后体积的变化。

四 实验教学过程

（一）创设情境

播放用延时技术拍摄的水结冰过程的高清视频，激发学生主动探究的兴趣。

（二）实验探究

出示改进后的水结冰实验装置，教师讲解关键的实验步骤，帮助学生更好地理解实验过程；接着进行分组实验，用改进后的实验装置来测量水结冰时的温度，并观察水结冰后体积的变化。

（三）梳理总结

将各个小组的实验数据进行汇总并做成折线图后，能清晰地看到水结冰过程中温度的变化；结合所观察到的水的状态，发现水在0℃时开始结冰，同时小组间互相交流观察到的现象，可以发现水结冰后体积会增大，从而总结出实验结论。

专家点评

本案例使用了真空双层玻璃杯、低温饱和食盐水、自制珍珠棉杯盖等材料，这些材料的选择和装置的改进，使实验现象更加清晰，测量结果更加准确可靠。尤其是使用真空双层玻璃杯，能够提高实验现象的可视性和可观察性，使学生能够清晰地观察到水结冰的过程。使用低温饱和食盐水能够缩短水结冰的时间，且材料简便易得，便于教学使用。自制珍珠棉杯盖能够固定试管，解放学生的双手，让他们更能专注地观察实验现象。

在教学过程中，教师创设情境，播放水结冰过程的高清视频，激发了学生主动探究的兴趣。实验过程中注重学生的观察和测量，培养他们的实证思维和证据意识，使他们能够通过观察和测量得出科学结论。此外，教师还通过引导学生进行推理和解释，促进他们的探究思维和科学理解能力的发展。

需要注意的是实验安全问题，学生徒手做实验，需要确保冷冻液（低温饱和食盐水）的温度不会引起冻伤，因此建议在瓶体加装隔温套。

《磁极间的相互作用》实验教学创新案例

新疆生产建设兵团第二中学　张文

 实验教学背景

　　本实验是针对教科版《义务教育教科书　科学》二年级下册第一单元第 6 课设计的。根据《义务教育科学课程标准（2022 年版）》进行分析，本课的课程内容指向"物质的运动与相互作用"这一核心概念，涉及"3.2 电磁相互作用"这一学习内容。

 实验教学目标

　　科学观念：明确磁极间的相互作用规律，能够据此解释生活中的一些现象与实际应用。

　　科学思维：在设计搭建磁动力小车与磁轨的活动中，为使小车行驶得更远，以采集的数据为依据，通过不断尝试、分析、改进轨道结构，培养学生的逻辑思维与创新能力。

　　探究实践：学生以小组合作的方式开展磁极间相互作用规律和磁动力小车与磁轨设计搭建的探究活动，通过提出问题、做出假设、设计并开展实验、分析交流、得出结论，明确科学探究的一般过程。

　　态度责任：以磁悬浮列车为教学活动载体，密切联系课堂学习与生活实际，激发学生持续探究磁科学的兴趣，培养严谨求实、敢于创新、善于合作的科学态度。

 实验改进创新

（一）实验器材

实验小车一辆、磁铁（条形、U形、环形）若干、磁感应强度传感器、数字化信息系统实验平台、双面胶、实验记录表。

（二）实验设计思路

1. 工程教育展创新。利用实验小车和若干磁铁搭建磁动力小车与磁轨的活动渗透着工程教育，加强了课堂学习与生活实际的紧密联系。

2. 数字教学启思维。利用磁感应强度开展数字化教学，将抽象的磁现象可视化，激发学生的探究兴趣，培养严谨、创新的科学思维。

（三）实验原理

同名磁极相互排斥，异名磁极相互吸引。

（四）实验教学内容

探究磁极间的相互作用规律。以实验记录单为线索，给学生提供各种不同形状的磁铁，通过分组实验的方式，让学生快速认识到磁极间的相互作用规律，如表1所示。

表1 磁极间的相互作用实验记录单

同形磁铁			
N〔　　〕S S〔　　〕N	S〔　　〕N N〔　　〕S	S〔　　〕N S〔　　〕N	N〔　　〕S N〔　　〕S
实验结果： 排斥／吸引	实验结果： 排斥／吸引	实验结果： 排斥／吸引	实验结果： 排斥／吸引

续表

同形磁铁			
实验结果: 排斥 / 吸引	实验结果: 排斥 / 吸引	实验结果: 排斥 / 吸引	实验结果: 排斥 / 吸引
实验结果: 排斥 / 吸引	实验结果: 排斥 / 吸引	实验结果: 排斥 / 吸引	实验结果: 排斥 / 吸引
异形磁铁			
实验结果: 排斥 / 吸引	实验结果: 排斥 / 吸引	实验结果: 排斥 / 吸引	实验结果: 排斥 / 吸引

我发现:当_____时,磁极间相互吸引;当_____时,磁极间相互排斥。

注:"实验结果"在符合的结果上画"√";环形磁铁的 N 极与 S 极为其相对的两个环面。

设计并搭建磁动力小车与磁轨,如图 1 所示。利用磁极间的相互作用规律,设计并搭建一套能够运行较长距离的磁动力小车与磁轨的模型,通过不断尝试、分析、改进,达到较为理想的实验效果。

磁动力小车

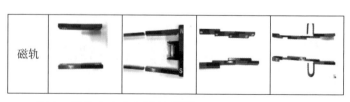

磁轨

图 1　磁动力小车与磁轨模型

四　实验教学过程

（一）问题导向，引发思考

通过播放利用磁铁间的磁力让小车运动的视频，提出问题：1. 你从视频中观察到了什么现象？是什么让小车运动起来的？ 2. 与推力和拉力相比，磁力有什么特点？ 3. 视频中，每次让小车运动起来的磁力有什么不同吗？4. 你知道生活中利用磁力发明出来的交通工具有哪些吗？让学生聚焦磁极间不同作用力的现象，明确磁力作用的特点；同时，密切联系生活，以学生熟知的磁悬浮列车为探索话题，激发学习兴趣，引出教学课题。

（二）科学探究，发现规律

教师精心设计并为学生准备实验记录单，为实验小组提供各种不同形状的磁铁，引导学生利用相同形状与不同形状的磁铁充分探究并发现磁极间的相互作用规律，为磁动力小车与磁轨的设计搭建活动做好知识铺垫。

（三）学以致用，发散思维

根据磁极间的相互作用规律，以运行更长距离为活动目标，鼓励、引导学生设计并搭建磁动力小车与磁轨。教师通过演示对磁轨各部分磁力大小的数据采集，为学生更好地设计与搭建提供数据依据，发散学生的创新思维，锻炼其动手能力。（教师演示磁动力小车与磁轨的搭建实验）

（四）课后延伸，联系生活

引发学生思考：指南针为什么能够指示方向？拓展对磁科学思考的深度与广度。接着教师演示在同一轴上悬浮的两块环形磁铁，鼓励学生课后设计制作能够悬浮的磁动力小车，深刻理解磁悬浮列车的工作原理。

（五）实验效果评价

利用简单材料的搭建活动，能够实现一个相对复杂的运行体系，帮助学生建立起"复杂的科学技术都是建立在简单的科学原理基础上"的科学观念，激发探究兴趣，建立学习自信。

利用磁感应强度传感器将看不见的磁现象可视化，为更好开展磁动力小车与磁轨的搭建活动提供了数字依据，培养了学生严谨细致的科学思维。

通过磁动力小车与磁轨的设计探究活动，密切联系课堂内外，培养学生爱科学、学科学、用科学的科学态度。

专家点评

磁铁在生活中的应用非常广泛，很多学生都玩过磁铁类玩具，甚至对磁铁的某些性质非常熟悉，本实验旨在将学生头脑中零散的认知构建为有逻辑的知识体系。教师利用实验小车和若干磁铁搭建磁动力小车与磁轨，模拟磁悬浮列车的实验，类似搭积木的活动，既能使学生亲身感受磁极间的相互作用，又渗透了工程教育，加强了课堂学习与生活实际的紧密联系。这个互动的设计创意非常好。使用磁感应强度传感器能够将看不见的磁现象可视化，激发了学生的探究兴趣。本实验注重学生的实践和探究，通过实际操作和观察，让学生亲自体验和发现磁极间的相互作用规律，培养他们的实证思维和证据意识。

信息化技术手段的使用具有两面性，二年级学生使用磁感应强度传感器存在一定的问题：一是不能很好地理解数字所代表的含义，且传感器过于灵敏，数字变化快，不易观察数值；二是二年级学生还没有学习小数的表达，面对传感器的数值读不出准确数字；三是传感器在这个活动中起到的作用并不明显，学生在没有传感器的情况下也会尝试调换磁极。建议教师在搭建活动后，将重点落在分析搭建的原因上，加深学生对磁极间相互作用的理解。

《点亮小灯泡》实验教学创新案例

黑龙江省肇东市福源小学校　李海洋

 一　实验教学背景

本实验是针对湘科版《义务教育教科书　科学》四年级下册第五单元第 1 课设计的。本课属于学科核心概念中的"物质的运动与相互作用"领域，该学科核心概念的学习有助于学生形成系统与模型等跨学科概念。本课实验内容对应新课标"学生必做探究实践活动"中的"连接简单电路"实验活动。

在实验之前，我对我所执教的四年级学生进行了前概念调查。调查数据表明，大部分同学都不能成功点亮小灯泡。四年级学生此时已经具备了一定的探究和动手操作等能力，而且有了自己的科学思维方式，但他们的思维还缺乏严谨性、抽象性，导致学生很难想象电路中电流是怎样流动的，因此需要教师设计形象的教具帮助学生理解。

本课安排了"让小灯泡亮起来"以及"爱迪生发明电灯的故事"两个活动，其中第一个活动"让小灯泡亮起来"是本课的重点，意在引导学生在了解电池、小灯泡的结构后，通过不断地对小灯泡的发光条件进行思考和研讨，建构当电池、导线、小灯泡形成一个闭合回路且电流经过灯丝后，小灯泡才能被点亮的概念，同时分析电路中电流的流动路径，从而促进学生科学思维能力和科学探究能力的发展。教材要求学生利用导线、电池点亮小灯泡并画图记录自己的连接方式，但是在实际的教学过程中，这样做耗时较长，并且学生的操作没有目的性、不全面。

 实验教学目标

科学观念：了解电池、小灯泡的结构；知道当电池、导线、小灯泡形成闭合回路，电流经过灯丝后，小灯泡才能被点亮。

科学思维：能依据证据运用分析、比较、概括等方法，发现点亮小灯泡的电路连接方式。

探究实践：能试着分析并画出电流路径，能通过实验探究点亮小灯泡的方法。

态度责任：在点亮小灯泡的探究中能基于证据和逻辑发表自己的见解，尊重他人，善于合作，乐于分享。

 实验改进创新

（一）实验原理

电池、导线、小灯泡形成一个闭合回路，且电流经过灯丝后，小灯泡才能被点亮。

（二）实验器材

电池、导线、小灯泡、二极管、自制教具。

（三）实验创新要点

1.教学过程的改进与创新

我在课前先对学生的前概念做了调查，然后将全班学生的前概念以图示的形式整理在表格中（见表1），接着在课上让学生按照表格中的方式连接小灯泡，找到能点亮小灯泡的方法，在学生建构了只有电流流过灯丝且形成一个闭合回路，小灯泡才能被点亮这一科学概念后，再让他们尝试用一根导线点亮小灯泡。

表 1　学生前概念

连接方式					
人数	5	13	4	16	7

2. 教具的改进与创新

（1）板前点亮小灯泡

科学概念是比科学知识更深刻的认识成果，科学认识一旦从科学事实上升为科学概念，就发生了质的改变，进入理性认识阶段。如何使学生的科学认识从知道电池、导线能点亮小灯泡的科学事实转变为不仅要形成闭合回路，还要有电流流过灯丝，小灯泡才能被点亮的科学概念，是实验教学的重中之重。因此，我借助了有结构的教具（见图1），将抽象的概念外显为具体的实物，帮助学生突破概念重点，实现从知其然到知其所以然的进阶。

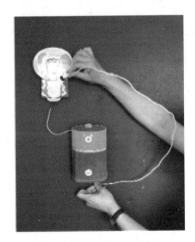

图 1　板前点亮小灯泡

（2）模拟电流流动

通过本课的学习，学生知道"电流流过灯丝可以使小灯泡发光"，但是电流在电路中的流动是看不见的，而且画出电路中的电流路径又是本实验的难点，所以我通过在板前演示这样有结构的教具（见图2），利用带有流向的灯带模拟抽象的、看不见的电流，从而突破教学难点。

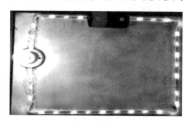

图2　模拟电流流动

四　实验教学过程

（一）创设情境，激趣导入

通过生活中常见的问题——停电了，你们能利用什么材料点亮老师手里的小灯泡，激发学生的学习兴趣，拉近学生与教学内容的距离。

（二）探究交流，自主实验

先引导学生观察小灯泡、电池、导线的结构，然后让学生按照本班同学认为能点亮小灯泡的连接方式，尝试点亮小灯泡并完成实验记录单1（见表2）。随着实验的进行，大部分学生发现自己和其他同学的连接都是错误的，此时学生的求知欲被激发起来，这正是突破本实验难点的极佳教学时机。

表2　实验记录单1

连接方式	1	2	3	4	5
亮/不亮					

所以，我采用了分析、比较典型图式的方法帮助学生进行概念的建构，具体做法如下。

1. 出示两种典型的概念图式 A、B（见图 3），通过提出"这两种连接方式有什么不同，为什么 B 亮，A 不亮"这样的问题让学生发现单向路径是行不通的，需要形成闭合回路才能使小灯泡发光，让学生对回路有了明确的认识，初步建构回路的概念。

2. 让学生观察、比较概念图式 C、D（见图 4），并通过问题"为什么都形成了闭合回路，但 C 不亮，而 D 亮"，引导学生发现是由导线连接在小灯泡的不同位置引起的，从而激发学生观察小灯泡内部结构的欲望，顺势让学生观察小灯泡的内部结构。通过观察，学生就会明白：要想点亮小灯泡，不但要形成回路，还要让电流通过灯丝。为了让学生能够更好地理解这个科学概念，我会在黑板上进行演示。

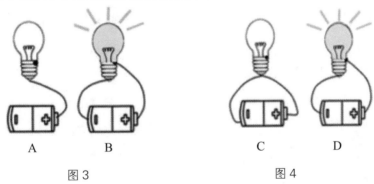

A   B   C   D

图 3   图 4

3. 让学生分析电流在电路中的流动，学生会发现电流从电池一极流出，经过导线、灯丝回到另一极后，小灯泡就亮了；但是，学生对于电路中的电流是从正极流出、负极流入并没有清晰的认知，所以我设计了一个点亮发光二极管的活动。因为发光二极管具有单向导通性，所以学生通过操作会发现只有电流从正极流入发光二极管的长脚，再流经短脚回到负极时，才能点亮发光二极管。然后我再通过自制教具演示电流的流动，让学生更形象地理解电流在电路中的流动。

（三）课堂练习，巩固新知

让学生尝试用一根导线点亮小灯泡，并完成实验记录单 2（见表 3），并分析电流在电路中的流动路径，达到灵活运用所学科学概念的目的。

表 3 实验记录单 2

要求	用一根导线点亮小灯泡（用笔画出导线和电池）			
连接方式				

专家点评

电相比于看不见但能感觉到的空气以及看不见但能借助铁粉研究的磁场，更加难以琢磨。此案例使用了自制教具——利用带有流向的灯带模拟抽象的、看不见的电流，帮助学生更好地理解电流在电路中的流动。虽然这种形式的模拟不完全符合真实的电流情况，但这种创新性的教具设计有助于提高学生的兴趣和专注力。

本实验设计注重学生的探究性学习，如在实验前对学生的前概念进行调查，了解学生的认知基础，并在实验过程中引导学生分析电流在电路中的流动，使学生在探究过程中发现点亮小灯泡的规律。实验设计充分体现了新课标所倡导的注重培养学生的科学思维、探究能力和合作精神。实验过程中，教师引导学生运用分析、比较、概括等方法发现点亮小灯泡的电路连接方式，并在实验结束后进行课堂练习巩固新知，使学生能够灵活掌握并运用所学科学概念。

但不建议在本实验中增加发光二极管的学习内容，一是因为关于电流方向的相关知识，在小学阶段不做学习要求；二是发光二极管的发光原理与小灯泡有很大区别，不利于学生理解小灯泡的工作原理。

《影子的秘密》实验教学创新案例

重庆市西南大学附属小学　武越

一　实验教学背景

　　本实验是针对教科版《义务教育教科书　科学》三年级下册第三单元第 3 课《影子的秘密》设计的。本实验采用小组合作法和实验观察法，引导学生在自主探究中通过控制变量的方法发现影子的秘密。

二　实验教学目标

　　科学观念：知道光源和遮挡物的变化会导致影子的变化。

　　科学思维：利用模型解释简单的科学现象。

　　探究实践：通过实验，耐心观察和记录影子的变化情况。

　　态度责任：根据观察的现象，实事求是地分析光源、遮挡物和影子三者之间的关系。

三　实验改进创新

　　自制教具：方形和半圆形亚克力板、可伸缩天线、手电筒、角铁、螺丝和螺母、橡皮和 A4 纸，如图 1 所示。

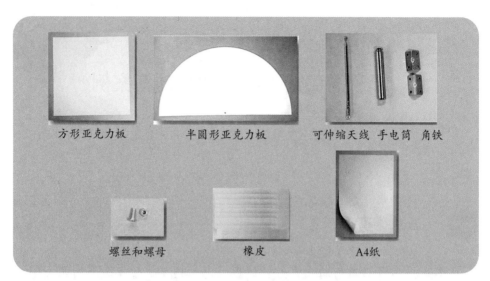

图 1

实验装置如图 2 所示。

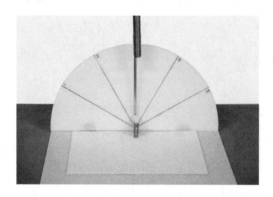

图 2　实验装置图

（一）将半圆形亚克力板垂直固定在底板上，在半圆形亚克力板的圆心处固定绑有手电筒的天线，使其可以在半圆形亚克力板的平面上自由转动；并在半圆形亚克力板上选择五个典型的角度，配合天线灵活改变照射角度。

（二）可伸缩天线实现灵活改变照射距离，并能保持光源不晃动。

（三）将遮挡物由圆木柱换成长方体橡皮，可以避免平放时滚动，方便观察和记录。

四 实验教学过程

（一）保持照射距离和遮挡物摆放不变，以半圆形亚克力板圆心为中心转动天线，观察并记录五个不同照射角度遮挡物的影子，如图3所示。

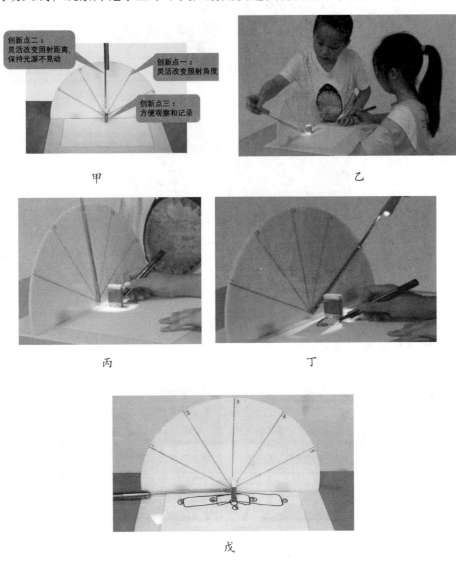

图3

　　（二）保持照射角度和遮挡物摆放方式不变，伸缩天线，观察并记录遮挡物的影子，如图4所示。

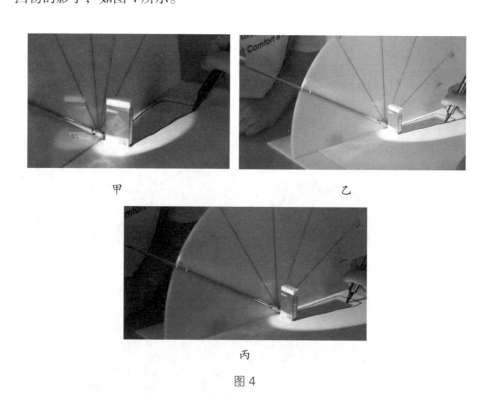

甲　　　　　　　　　　　　　乙

丙

图4

　　（三）保持照射角度和照射距离不变，观察并记录遮挡物摆放方式不同时的影子，如图5所示。

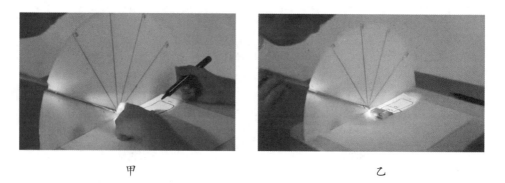

甲　　　　　　　　　　　　　乙

图5

丙

图 5（续）

专家点评

  研究影子随光源的方向和远近的变化规律时，最好的光源是太阳，让学生在大自然中发现问题并探索规律。但观察太阳光的变化需要的时间过长，一天中影子的变化规律不可能在一节课的时间里发现，因此多数老师在教授这个内容时会想办法模拟太阳光的变化规律。此案例中的装置所用的材料都是生活中的常见物品，如亚克力板、手电筒、橡皮等，这些材料易于获取，降低了实验成本，但实验的效果格外显著，且让学生更容易理解影子变化的原理。

  本案例采用小组合作法和实验观察法，引导学生在自主探究中通过控制变量发现影子的秘密。这种教学方法有助于培养学生的团队合作精神和自主探究能力。本实验的教学目标明确，注重引导学生从多次实验的现象中总结影子的变化规律，初步培养学生的归纳、推理能力。实验内容丰富，分别在改变照射角度、照射距离和遮挡物摆放方式不同的条件下，观察并记录影子的变化情况。这种设计有助于学生全面理解影子变化的规律，提高科学素养。

  关于光学的实验，单一光源是很关键的一个要素，在设计光学实验的教具、学具时，要尽量考虑单一光源的条件，配合暗盒或暗箱一起使用，以达到更加理想的效果。

《一些东西振动时会发出声音》实验教学创新案例

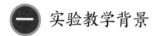

上海外国语大学附属普陀实验学校 王伟宗

一 实验教学背景

本实验是针对上海远东出版社《九年义务教育课本 自然》一年级第一学期第6课《声音与听觉》第3课时设计的，属于《上海市小学自然学科教学基本要求》（试验本）主题8"能与能的转化"的范畴，具体为"知道发声的物体都在振动"。声现象在一年级和三年级的教材中都有体现，学习内容和学业要求呈现螺旋上升、逐步提高的状态。学生在完成三年级自然学科的学习后，可以达到《义务教育科学课程标准（2022年版）》中相应课程的内容要求，即"举例说明声音因物体的振动而产生"，相应的学业要求为"能解释声音产生与物体振动的关系"。本实验内容对应新课标"学生必做探究实践活动"中的"观察物体发声时的振动现象"实验活动。

本实验活动是学习三年级《无处不在的声音》的基础，一年级学生通过探究能将物体发声与振动联系起来，知道发声的物体都在振动，为后续进一步学习提供认知基础与学习方法。

二 实验教学目标

科学观念：知道发声的物体都在振动。

科学思维：通过观察一些物体发声的现象，能将发声和物体振动联系起来。

探究实践：通过观察鼓发声，能综合运用感觉器官，观察和交流鼓发声时鼓面在振动的现象，探究声音的奥秘，形成主动思考和协作讨论的学习习惯。

态度责任：形成寻找证据并做出解释的意识，有乐于分享感受的意愿。

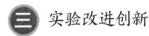 **实验改进创新**

（一）实验教学内容

本实验教学的内容以前两课时的学习和学生的生活经验为基础，展开科学探究。以卡通情境中虚拟角色发布挑战任务，驱动低年级学生主动探究。学生通过敲鼓活动将"发声"与"振动"联系起来，结合创新学具"球球太空舱"的实验现象，将感受和现象相联系，提出合理的猜想；然后，通过"弹压钢尺"和"吹响球球能量塔"活动，感受其他物体发声时的振动现象，强化物体发声与振动有关。最后，通过创新学具将感受与现象统一，结合数字系统回看现象，得出发声的物体在振动的结论。本实验有助于学生提高运用感觉器官、逻辑分析等科学思维方式认识事物、解决问题的能力，养成主动探究、学习的习惯。

（二）实验原理

吹响铝膜喇叭时，空气流过吹哨峡口，撞击铝膜振动发声，传递至周围空气，引起上方轻质颗粒一同振动。

（三）实验设计思路

1. 创设球球星人来访的情境，激发学生探究和学习的兴趣。

2. 引导学生通过"看""听""摸"等方式感受鼓发声时的现象，强化学生运用多种感官感受现象的能力，并提出鼓发声时在振动的猜想，通过创新学具"球球太空舱"验证猜想。

3. 观察其他物体发声时的现象，利用创新学具"球球能量塔"发声活动，通过交流、分析和归纳实验感受和现象，将物体的"发声"和"振动"联系起来，得出"发声的物体都在振动"的结论。

4. 通过触摸阻止鼓面振动使鼓声停止的活动，验证学生得出的结论，加强发声物体与振动的联系，从而强化"发声的物体都在振动"的概念。

（四）实验器材

本实验活动主要使用两件自制学具，配合教学情境，分别为"球球太空舱"和"球球能量塔"。其中，"球球太空舱"由不同尺寸的保丽龙颗粒、亚克力管和纱窗补丁贴等材料制成，"球球能量塔"由铝膜喇叭、管道装饰盖、一次性塑料杯和一次性吸管等材料制成，如图1所示。

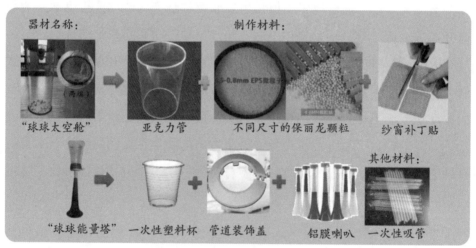

图 1　自制学具及制作材料

（五）实验创新要点

1. 利用创新学具，突破低年级学生寻证难点。

（1）适用于低年级，安全易操作。创新学具"球球太空舱"和"球球能量塔"融入了课堂预设情境，卡通化的命名方式可以有效地激发低年级学生的学习兴趣。"球球太空舱"摆放角度多样，适用于探究多种物体的发声现象，如图2所示。"球球太空舱"适用于《声音与听觉》整个单元的课堂活动。"球球能量塔"由玩具喇叭改造而成，插上吸管后，低年级学生能轻松吹响。安全且易于操作的学具能激发学生乐于观察、主动探究的学习兴趣。

"球球能量塔"上　　象脚鼓中　　　中国鼓上　　　喇叭上

图2　"球球太空舱"能应用于各种发声物体上，现象明显

（2）现象明显，助力寻找证据。"球球太空舱"内轻质颗粒随声音振动现象明显，易于开展观察活动。"球球能量塔"吹嘴由铝膜覆盖，如图3所示，上方位置无气流，颗粒振动是由铝膜发声振动引起的，科学性强，实验现象明显。按照教师设计的操作姿势，学生不仅能用手握住喇叭，感受振动现象，还可以用眼睛观察轻质颗粒的振动，如图4所示。两个创新学具的结合，能引导低年级学生综合使用感觉器官，感受现象，相互佐证，更容易归纳现象，得出结论。

图3　铝膜吹嘴　　　　　　图4　学生操作演示

2.利用教学情境激趣，借助数字系统赋能。

（1）根据低年级学生的学情，创设球球星人来访的卡通化情境，如图

5所示。以挑战任务驱动式的教学环节，将探究工具融入情境之中，有效激发学生的学习兴趣。

图 5　教学情境"球球星人来访"自制视频截图

（2）使用数字教学系统，汇总实验现象，如图 6 所示。此环节能够为学生口头表达和分享感受提供视频佐证。这样不仅可以补齐低年级学生表达能力相对较弱的短板，提高交流效率，更为学生解释声音与物体振动的关系提供必要的活动支架，令班内学生对现象的感受逐渐统一，突破了利用感觉器官寻找证据的难点，为归纳发声物体在振动提供分析依据。

图 6　数字教学系统中的学生实验汇总示例

四　实验教学过程

（一）创设情境，发布挑战任务

创设球球星人来访地球的情境，发布挑战任务，回顾使用感觉器官感知身边现象的探究技能，激发学生的探究兴趣，引导学生主动关注和感受物体发声的现象。

（二）发现现象，提出合理猜想

学生交流鼓发声时的不同感受，发现实验现象，例如用手摸，鼓会震，手会感觉到麻；用眼睛看，鼓好像在抖动；用耳朵听，好像声音在脑袋里来回晃等。结合"球球太空舱"放置在鼓面上时，随鼓发声而跳动的现象，引导学生提出"鼓发声时，鼓面在振动"的合理猜想。

（三）创新学具，数字系统赋能

引导学生思考其他物体发声时是否也有振动现象，利用创新学具"球球能量塔"，使用数字教学系统上传并汇总实验现象，结合系统评价表提出实验要求，引导学生综合使用感觉器官，发现其他物体发声时也在振动的现象。

（四）分享发现，合作建构知识

结合表达交流和数字系统汇总功能，相互佐证实验感受和现象，形成实验现象和感受的统一。班级群体共同分析、归纳和建构知识体系，为物体发声和振动产生联系提供分析依据，达到深层建构物体发声时在振动这一概念的目的。最后，通过如何让鼓停止发声的活动，反向验证结论，强化学生的科学认知，培养学生辩证地看待科学探究活动，激发科学探究的兴趣，养成科学的思维方式。

专家点评

本实验使用了自制学具"球球太空舱"和"球球能量塔"，这些学具能够激发学生的好奇心，促进学生对物体发声时振动现象的观察。这些学具的使用能够帮助学生将感觉器官感受到的现象进行相互佐证，引导学生将物体发声与振动产生联系，自然而然地形成"发声物体都在振动"的概念。

　　本实验的教学设计基本符合学生的生活经验和年龄特点，为学生创造快乐有趣的情境，使学生乐于观察身边事物，主动探究学习，着力体现了新课标对科学核心素养培养的要求，如运用多种感官感受现象的能力、提出合理猜想的能力、综合使用感觉器官的能力、归纳和建构知识体系的能力等。

　　本实验有一个值得探讨的问题，关于声音的产生，很多课例都是从"制造声音，触摸发声物体，体验振动"开始的，本实验的课题是"一些东西振动时会发出声音"，因此可以尝试新的思路，从制造"振动"开始，当物体振动到一定程度（幅度和频率），我们才能听到声音，为后续的声学研究打下基础。

《声音是怎样传播的》实验教学创新案例

天津市河西区中心小学　高珊

 实验教学背景

　　本实验是针对教科版《义务教育教科书　科学》四年级上册第一单元的第 3 课《声音是怎样传播的》设计的，属于物质科学的范畴。此次实验将通过"探索声音在固体物质中的传播""观察音叉振动引起水面波动""探索声音在空气中的传播"三个主要活动来进行。

二　实验教学目标

　　科学观念：知道声音是以波的形式，从一个地方传到另一个地方的。

　　科学思维：能在教师的引导下，通过观察和描述声音现象，分析并表达要素之间的关系，认识声音传播的原理。

　　探究实践：借助实验和想象，对声音传播的方式进行描述。

　　态度责任：意识到从实验中获取事实是认识世界的基本方法。

三　实验改进创新

　　使用自制演示教具"光示传声演示仪"，这套仪器由鼓、气球、矿泉水瓶、镜子、三脚架、激光笔和蝴蝶夹制作而成（见图 1）。

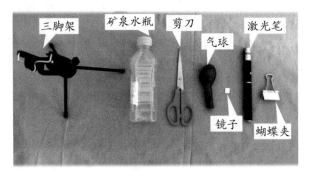

图 1 仪器材料（部分）

首先剪去矿泉水瓶的瓶口和瓶底，选用瓶子的中间部分，将气球固定在矿泉水瓶的一侧绷紧，将小镜子粘贴在气球皮上，并把这个装置固定在三脚架上。用蝴蝶夹作为支架固定激光笔，调整激光笔的位置，使激光笔发出的光可以通过镜子反射到远处的墙面上，形成光点，如图 2 所示。

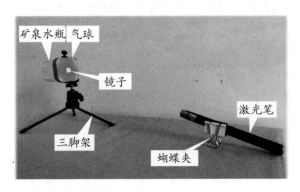

图 2 光示传声演示仪

本实验的教学重点是让学生认识到声音的传播方式，难点在于空气作为声音传播的重要介质是看不见摸不到的，学生并不能理解声音在空气中是怎么传播的。为了帮助学生切实观察到这一现象，教师设计并制作了"光示传声演示仪"，其实验创新点如下。

1. 将不易见的现象可视化。通过激光笔光点的跳动，将声音在空气中传播这种不易见的现象可视化，帮助学生理解声音在空气中的传播形式。

2. 培养学生的逻辑思维能力。本实验引导学生通过分析实验现象，进行有依据地推理，在解释现象的过程中建构科学概念，使学生的逻辑思维能力得到提升。

在演示过程中，教师在矿泉水瓶开口的一侧敲击鼓面，鼓面振动发出声音，声音以波的形式传播出去，当声波穿过瓶身到达气球时，气球产生振动，镜子也会随之振动，镜子的振动会使反射到墙上的光点也跳动起来。

四 实验教学过程

（一）创设情境，聚焦问题

首先，教师敲击音叉发出声音，并提出问题："同学们都能听到音叉发出的声音吗？音叉和耳朵之间还有一大段距离，声音是怎么传播到我们耳朵里的呢？"通过这个问题，引发学生思考，并了解他们关于"声音传播"的前概念。学生经过思考，结合已有经验描述声音可能的传播方式。但是，由于缺乏对"声波"概念的认识，学生无法解释清楚"是怎样听到音叉发出的声音的"，因此还需要其他证据来辅助解释。于是，教师提出本课的核心问题，并引出课题："今天我们就一起来研究声音是怎样传播的。"由此进入本实验研究的核心环节——探索声音的传播方式。

（二）探索声音的传播方式

1. 探索声音在固体中的传播，体验固体的振动。

教师出示土电话，并提问："同学们玩过土电话吗？现在我们一起来探索土电话传声的奥秘。"学生进行土电话的实验，并思考声音是怎样从土电话的一端到达另一端的。学生在实验中会发现，当土电话传声时，棉线会振动。如果捏住棉线，不让它振动，声音就传不过去了。此时，教师进一步提问："声音可以在棉线中传播吗？是怎么传播的呢？"回顾实验中的现象，学生初步认识到土电话之所以能够传播声音，是因为声音可以使土电话之间的棉线振动，从而传播声音，由此建构声音可以在固体中传播的认知。但是声音是怎样使棉线振动的呢？学生并没有在实验中观察到，由此进入本实验的第二个探索活动。

2. 观察音叉振动引起水面波动，认识声波。

首先，教师提出问题："声音是怎样引起物体振动并进行传播的呢？"引发学生的思考。然后，教师指导学生进行音叉触及水面的实验，并要求学生画出振动的音叉接触水面后水面产生的现象，引导学生通过画图的方式建构声波的概念。学生由此发现：水面的波动是从振动的音叉开始的，逐渐向四周传播，从而对声波有了直观的认识，理解了"声音以波的形式传播，当声波遇到物体时，会使物体产生振动"这一概念，并能够解释声音使棉线振动进而传播的现象。

3. 探索声音在空气中的传播，完善对声音传播方式的理解。

学生直接观察到声音在水中的传播方式后，教师继续提问："没有棉线的振动，也没有水的连接，我们的耳朵也能听到声音。声音是怎么到达我们的耳朵的？"此时学生已经认识到我们周围充满了空气，但因为空气看不见摸不到，学生很难理解声音在空气中的传播形式，需要实证的支撑帮助学生建构"空气中有像水波一样的声波，使声音在空气中传播"的概念，从而引入自制教具的演示实验。

教师出示教具并调整好角度，将激光笔的光点反射到墙面上，在装置开口一侧敲击鼓面。学生观察到：墙面上的光点随着鼓声而跳动。教师提出问题："墙上的光点为什么会跳动起来呢？"学生思考后，教师进一步引导学生依据实验现象进行推理："鼓和气球没有接触，声音是怎么到达气球的？鼓和气球之间真的什么都不存在吗？"学生通过分析得出鼓和气球之间存在空气，"那气球为什么会振动呢？"学生根据已有认知可以推理出鼓振动发出声音，声音在空气中就像在水中一样，以波的形式传播，当声波遇到气球时，气球产生振动，从而带动了镜子的振动，墙面上的光点也就随之跳动起来。在听到学生解释实验现象后，教师引导学生自行总结声音的传播方式：物体振动发出声音，声音以波的形式传播，声波使周围空气振动，从一个地方传播到另一个地方。

学生通过观察实验现象，推理分析得出结论，但仍然缺少事实验证空气是声音传播的必要物质，因此教师又为学生提供真空罩实验视频资料，通过对比在充满空气和真空两种状态下闹钟的振动发声，来证明真空状态下声音不能传播，验证之前的演示实验所得到的推理结论。

（三）总结拓展

在学生已经掌握声音的传播方式后，教师出示航天员在月球上的图片，并解释"为什么航天员在没有空气的月球上需要通过电子设备沟通"，所学知识得以运用。

专家点评

声音是物体振动产生的，物体的振动是可以被感知的，但声音在空气中的传播方式却很难被直接观察到。本案例中，教师设计并制作了光示传声演示仪，将不易观察的现象转为直观的光点跳动，帮助学生理解声音在空气中的传播形式。同时，自制教具的制作和操作较为简单，具有一定的推广性和实用性。在实验过程中，教师引导学生通过分析实验现象，进行有依据的推理，在解释现象的过程中建构科学概念，使学生的逻辑思维能力得到提升。在教学过程中，教师注重培养学生的科学探究能力、逻辑思维能力和主动建构科学概念的能力，体现了新课标强调的科学探究、科学思维和科学态度等方面的要求。

值得注意的一点是，四年级学生还没有学习光的反射现象，这里使用的光示传声演示仪是利用光的反射现象来观察声音传播引起的空气振动，对演示仪不用做过多的解释。

《我们的消化》实验教学创新案例

重庆市渝中区曾家岩小学 郭佳

 实验教学背景

（一）教材与课标解读

本实验是针对湘科版《义务教育教科书 科学》四年级上册第二单元第 1 课设计的。本实验涉及的学科核心概念是"生命系统的构成层次"和"生物体的稳态与调节"，对应的跨学科概念是"物质与能量""系统与模型""结构与功能"。在"生命系统的构成层次"这一核心概念中，本实验对应的内容要求是"描述人体用于摄取养分的器官"。本实验内容对应新课标"学生必做探究实践活动"中的"观察人体呼吸器官、消化器官的模型"实验活动。

（二）教材实验分析

本课是从学生的日常生活经验入手，通过观察模型、感受体验、模拟实验、类比推理等多种方式认识消化器官，探究食物消化吸收的过程。本课有四个活动，认识消化器官、咀嚼馒头、模拟胃部蠕动、认识小肠的作用。

在教学中，我发现教材中使用的模型图是平面的、静态的，消化器官虽可见，但其工作状态不可见；另外，教材图片无法看到消化器官的内部结构，学生很难理解消化器官的结构是如何与其功能相适应的。

二　实验教学目标

科学观念：知道人体的消化道由口腔、咽、食管、胃、小肠、大肠、肛管等组成，食物的消化是由各个消化器官相互配合完成的。

科学思维：用类比推理的方式体会人体器官的结构与功能是相适应的。

探究实践：借助模型、直观体验、模拟实验等方式了解口腔、胃、小肠的功能。

态度责任：愿意与同学相互交流，能够在合作中完成实验。

三　实验改进创新

（一）实验材料改进

教材中的选材不符合胃和小肠的特征，因此我将实验材料进行了改进。在模拟胃部蠕动实验中，教材用塑料袋模拟胃，塑料袋没有弹性，且易破，于是我选用透明气球，胃壁肌肉有弹性，气球也有弹性，因此更贴近胃的特征，更适合模拟胃，如图 1 所示。在认识小肠作用的实验中，教材用绳子模拟小肠，绳子是实心的，不符合小肠的特征，我将绳子改换为波纹管。波纹管外形和小肠一样，是管状、空心的，其内部的波纹更贴近小肠内部凹凸不平的褶皱，更适合模拟小肠，如图 2 所示。

图 1　透明气球模拟胃　　　　图 2　波纹管模拟小肠

（二）实验教具创新

1. 用 PVC 板按四年级学生的平均身高等比例制作教具模型，将教材中平面的模型图立体化，可长期使用，如图 3 所示，从而帮助学生了解消化器官在身体里的位置，使学生对消化系统有整体认知。

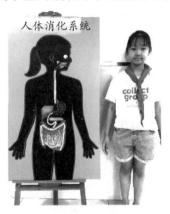

图 3　等比例教具对应人体器官的位置

2. 为让学生直观感受消化器官的工作状态，在消化器官模型上安装 LED 灯条，背面安装扩音器，可听见胃部"咕咕"的工作声。声、光、电的融合能够让学生对各消化器官的工作状态可视、可听、可感，有助于学生理解食物的消化过程，如图 4 所示。

图 4　可视化的消化器官的工作状态

3. 在口腔模型中加入传感器，当食物进入口腔时，触发传感装置，学生便能直观、即时地看到食物启动消化系统工作。学生接触传感技术，为后续的技术与工程学习奠定基础，如图 5 所示。

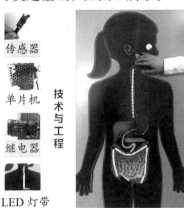

图 5　传感技术的应用

4. 运用模型与软件配合教学，模型上可看到食物到达的消化器官，软件中可看到消化器官内部结构及消化过程，虚实结合、内外结合让学生能够更全面地了解消化系统的工作流程，如图 6 所示。

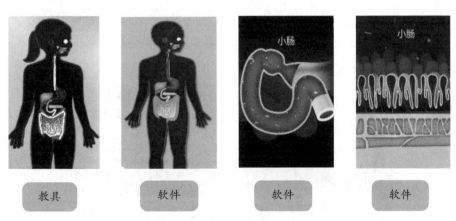

图 6　教具与软件配合教学

四　实验教学过程

本实验教学分为四部分，实验方法有观察模型法、模拟实验法、合作探究法。

（一）创设情境

学生咀嚼馒头，感受口腔初步消化食物，激发学生的探究兴趣。

（二）聚焦问题

食物在我们的身体中要经过哪些器官？

（三）探究过程——借助模型认识我们的消化

1. 可借助镜子用肉眼直接观察口腔，但吞咽后的食物无法通过肉眼看到，所以需要借助模型进行观察。

2. 食物经过咽喉，触发模型上的传感装置，食管里的灯条亮起，学生通过光电的启动可以直观看到食管的工作状态。

3. 馒头到达胃部，胃部工作状态，可视；学生联系生活，当饥饿时我们会听到"咕咕"声，可听；此时胃部灯光闪烁，表示胃部的蠕动，可感。

4. 模拟胃部蠕动实验。有了以上基础，学生再猜想胃蠕动的作用。教师引导学生用看、闻、摸等方式了解胃的特征，如图 7 所示，再用气球模拟胃，用稀释后的白醋模拟胃液进行实验，如图 8 所示。学生通过模拟实验，观察现象、分析研讨，总结出胃的作用。

图 7 学生了解胃的特征

图 8 学生模拟实验

5. 认识小肠作用实验。食物进入小肠，小肠开始工作，学生先观察小肠的形态，再用 6 米长的波纹软管模拟小肠，拉一拉，感受小肠的长度，如图 9 所示，最后借助软件，如图 10 所示，让学生直观看到小肠的内部结构——小肠绒毛、小肠褶皱，了解小肠是人体消化吸收的主要场所。接着食物进入大肠，学生阅读资料了解大肠能吸收水分，不能吸收的食物残渣就通过肛门排出体外。

图 9 学生感受小肠的长度

图 10 模型与软件配合教学

（四）小结应用

回顾食物经过人体消化器官的过程及各消化器官的功能，如图11所示，将消化器官模型贴在身体对应位置，用游戏的方式学以致用，同时能够检验学生的学习效果，如图12所示。

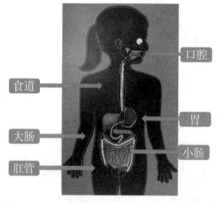

口腔

食道

胃

大肠

小肠

肛管

图 11　食物经过人体的消化器官

图 12　将消化器官贴在对应位置

专家点评

从实验材料的创新方面来看，教师对教材中的模型图进行了改进与创新，将平面的模型图立体化，用 PVC 板制作教具模型，并在消化器官模型上安装 LED 灯条和扩音器。这样的改进能够让学生直观感受消化器官的工作状态，通过声、光、电的融合，学生可以听到胃工作的声音，看到胃部的蠕动状态，从而更好地理解食物的消化过程。此外，教师还在口腔模型中加入传感器，学生可以直观、即时地看到食物经过消化系统，不仅让学生更加深入地了解了消化系统，还让学生接触了传感技术，为后续的技术与工程学习奠定基础。通过观察模型，学生可以直观地了解消化器官的工作状态；通过模拟实验，学生可以观察现象、分析研讨，从而总结出胃的作用。

人们对看不见的事物总是充满了好奇心，等比例的模型确实可以帮助学生更直观地认识人体的消化系统，但同时也让学生产生"真实的消化系统是这样的吗"的疑问。随着医学的发展，胃镜、肠镜等技术手段让我们对人体的消化器官有了更多的认识，建议教师借鉴一些专业领域的视频、图片或者使用 VR 设备以达到更好的教学效果。

《观影追日》实验教学创新案例

北京市朝阳区实验小学　吴咸中

 实验教学背景

（一）教材与课标解读

本实验是针对教科版《义务教育教科书 科学》三年级下册第三单元设计的，重点想要落实《义务教育科学课程标准（2022年版）》中"宇宙中的地球"这一学科核心概念，以及通过对这一学科核心概念的学习，帮助学生理解系统与模型、稳定与变化这两个跨学科概念。

1.学科核心概念——"宇宙中的地球"。

"宇宙中的地球"这一学科核心概念，在小学低段和高段以及初中、高中均有涉及，其核心词为有规律的运动，教师可以引导学生建构宇宙中地球运动的模型，从而了解地球、太阳等天体的运行规律。要想建构宇宙中地球运动的模型，我们可以从学生较易理解的日、影关系模型来入手（见图1）。

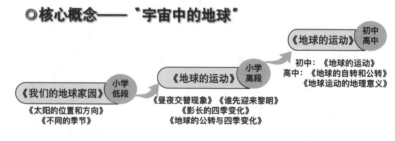

图1 "宇宙中的地球"学科核心概念进阶

2.跨学科概念——"系统与模型""稳定与变化"。

系统与模型、稳定与变化这两个跨学科概念与日影关系有着怎样的联系呢？通过日影关系模型完成日地系统的建构，也就是用模型来表达系统性的观念，便能很好地落实系统与模型的跨学科概念；阳光下物体影子的长短及位置，太阳在天空中的位置均在变化且很复杂，但有着稳定的规律，从而帮助学生更好地理解稳定与变化这一跨学科概念。

本实验内容对应新课标"学生必做探究实践活动"中的"观察记录一天中阳光下物体影子的变化"实验活动。

（二）教材实验分析

基于多年教学经验的积累与剖析，我发现建构日影关系模型主要有三个难点。

1.学生未曾亲历长期观测的过程，感性经验不足。

虽然学生在课堂学习过程中，对于地球与宇宙的相关知识并不陌生，甚至侃侃而谈，但是一涉及成因、缘由，往往答不上来。究其原因，学生从未经历过漫长曲折的探索，从未像天文学家那样进行过实际观测，缺乏亲身经历，导致感性经验不足，无从论起，因此常常处于知其然而不知其所以然的混沌中。

2.观测数据匮乏，无法有依据地进行假设。

针对"宇宙中的地球"这一核心概念，教科版《科学》教材分解如下（见表1）。

表1 "宇宙中的地球"核心概念分解

核心概念：宇宙中的地球	
二年级上册 《太阳的位置和方向》 《不同的季节》	观察并描述太阳每天在天空中东升西落的位置变化，初步学会根据太阳的位置辨认方向。 描述一年中季节变化的现象，举例说出季节变化对动植物和人们生活的影响。

续表

核心概念：宇宙中的地球	
三年级下册 《阳光下物体的影子》	观察并描述太阳光照射下物体影长从早到晚的变化情况。
六年级上册 《昼夜交替现象》 《谁先迎来黎明》 《影长的四季变化》 《地球的公转与四季变化》	知道地球的自转轴、自转周期和自转方向，理解昼夜交替和天体东升西落等自然现象与地球的自转有关。 知道地球围绕太阳公转的周期和方向，理解四季的形成与地球的公转有关。 测量正午时物体的影长，说明不同季节正午影长的变化情况。

可以看到，在一、二年级学习了地球与宇宙的相关知识后，要求学生能够描述太阳每天在天空中东升西落的位置变化、一年中季节变化的现象及其对动植物和人类生活的影响。五、六年级则要求学生能够根据已有知识，对昼夜交替现象的成因、地球自转方向、四季变化成因提出有依据的假设，并形成"宇宙中的地球"这一核心概念。

但是，学生在高年级做出假设前的观察都是点状的，缺乏大量的自然现象变化系统性、周期性的数据积累，即大量感性认识的积累。这使高年级学生在学习这一相关内容时，突然将感性认识上升到理性认识、寻求现象与成因时出现断层，无法做出有依据的假设。

3.空间想象力有限，思维过程不易外显化与交互，更重要的是没有直观的教具给予支撑。

对于学生而言，宇宙是遥远的、宏观的、无法实际观察的、复杂的。虽然学生已经具备对二维空间进行观察、分析、认知的能力，但是对于地球与宇宙这样不断运动着的三维空间，学生很难建构起地球与太阳的空间关系。

由于学生的空间想象能力有限，他们在做出假设、记录数据、转为证据、得出结论的过程中，存在描述和呈现上的困难，常常出现汇报的学生表达不清、倾听的学生理解不到位的情况。学生的科学探究过程和科学思维过程也常常淹没于不清不楚、无法理解的学习过程中。

在小学阶段，反映地球有规律运动的教具，大多集中在利用地球仪、三球仪等解释成因的阶段，几乎没有能体现出系统性、周期性的自然现象变化的，无法为地球自转、公转的成因提供"可视化"证据。

以上三难，直观地反映出学生对生活中的日影关系的认识是不充分的，同时建构日影关系模型工具的缺乏，使学生很难建构起日影关系的模型。

实验教学目标

科学观念： 通过观测并记录 3 月 16 日、4 月 16 日、5 月 16 日、6 月 16 日这四天中同一地点不同时段阳光下影子的方向和长短，说出 3 月 16 日、4 月 16 日、5 月 16 日、6 月 16 日每天 8：00—16：00，在太阳光的照射下，物体的影子变化有一定的特点。感受随着收集到的证据不断扩展与增加，推进结论发展与变化的过程。

科学思维： 能基于已有经验和所学知识，运用分析、比较、归纳、类比、演绎等科学思维方法，利用观察记录纸，实事求是地分析一天之中影子的变化特点，并对太阳在天空中的位置及轨迹做出假设。

探究实践： 基于太阳在天空中位置的变化会引起物体影子的变化、太阳方向与影子方向相对、太阳在天空中的位置高低与影子长短的关系，利用太阳周年视运动轨迹的模型呈现不同月份同一天、不同时刻太阳在天空中的位置及运动轨迹。

态度责任： 对科学观察活动保持较高的兴趣，积极投入中长时间的观察记录中。愿意参与小组观测活动，主动承担小组任务，学会与他人合作。

在实验观察中感受严谨、细致、实事求是的科学态度。

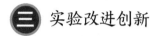 **实验改进创新**

（一）实验教学内容

用透明胶片记录纸和小木棍进行系统性观测。通过竿影的中长期观测，进行量的积累，获取系统性观测数据是学习地球与宇宙领域相关知识的第一步。之所以使用透明胶片进行记录，是因为这样可以把系统收集到的周期性影子变化数据叠在一起，方便比较影子在长短、方向上的不同，也便于进行归纳。选用小木棍是因为小木棍产生的影子不会太长，能在一张透明胶片记录纸上体现，方便学生观测记录。

实验地址是北京市朝阳区幸福一村四巷 36 号。

（二）实验原理

阳光下物体影子的变化是有规律的，这与太阳周日视运动、周年视运动有关，究其原因，与地球的运动有关。

（三）实验指导思想与理论依据

如何基于以上现状，在课堂中落实"宇宙中的地球"这一学科核心概念和两个跨学科概念呢？经查阅相关资料，我有了以下三点发现。

1.《地球科学认识论方法论》一书中提到关于认识地球科学的研究方法：当我们认识地球时，第一步是对地球进行全球性系统观测；第二步是根据相关科学已有规律，对观测数据进行分析，提出假设；第三步是建立模型；第四步是进行模型验证。

2.《义务教育科学课程标准（2022 年版）》指出，模型建构体现在：以经验事实为基础，对客观事物进行抽象和概括，进而建构模型；运用模型分析、解释现象和数据，描述系统的结构、关系及变化过程。学生能基于经验事实抽象概括出理想模型，具有初步的模型理解和模型建构能力。

3.《地球科学认识论和方法论》一书中关于地球与宇宙科学研究的四个步骤以及新课标中对于学生模型建构能力的培养目标给了我一定的启发，研究形成了模型建构的一般流程（见图2），它为我提供了研究的思路和方法，也指导着我带领学生完成模型建构和认识概念的全过程。

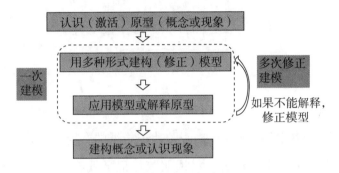

图2　模型建构的一般流程

在此基础上，我找到了破解"三难"的策略，即建构太阳周年视运动轨迹的模型，落实"宇宙中的地球"这一核心概念，并且帮助学生理解稳定与变化这一跨学科概念。建构模型主要分为递进的三个阶段：建构太阳周日视运动轨迹模型、建构太阳3—6月视运动轨迹模型以及建构太阳周年视运动轨迹模型，共分为三课时：第一课时"立竿见影"，第二课时"依影定日"，第三课时"追日寻迹"。从教、扶、放三个层次不断提升学生的模型建构能力，帮助理解系统与模型、稳定与变化这两个跨学科概念。

（四）实验器材

建构太阳周年视运动轨迹模型，需要用到观测工具和数据分析工具。

1.观测工具：透明胶片记录纸、小木棍（2.8厘米）、指南针、记号笔（见图3）。

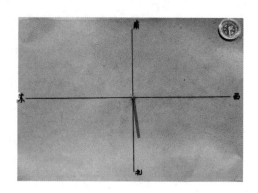

图 3 观测工具

（1）使用方法

在透明胶片记录纸上，用记号笔画出十字交叉方位坐标，并标记东、南、西、北；将指南针粘贴在透明胶片记录纸的右上角；将 2.8 厘米的小木棍粘贴在十字坐标中心位置；将透明胶片记录纸放置在阳光下；在某时刻影子的最远端点做标记。

（2）意图说明

之所以使用透明胶片记录纸进行记录，是因为这样可以把长时间观测到的影子变化数据叠在一起进行观察，方便比较影子在长短、方向等方面的不同，也便于进行归纳。之所以使用 2.8 厘米的小木棍，是因为较短的木棍产生的影子不会太长，能在一张透明胶片记录纸上体现，方便学生观测记录和携带。

2.数据分析工具：透明穹顶、透明 PET 薄膜、小木棍（2.8 厘米）、手电筒、中间镂空的各种颜色的贴纸（见图 4）。

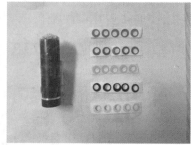

图 4 数据分析工具

（1）工具介绍

在透明 PET 薄膜上用记号笔画出十字交叉方位坐标，并标记东、南、西、北；在十字坐标中心位置粘贴 2.8 厘米的小木棍；标好方向的透明 PET 薄膜是粘贴在透明穹顶底部的；透明穹顶四周也标好四个方向，与透明 PET 薄膜所标方向保持一致。

（2）使用方法

将带有数据的竿影胶片记录纸放置在透明 PET 薄膜下方，保证两个十字交叉方位坐标重合，然后利用手电筒在透明穹顶上照射、移动，将手电筒照射小木棍产生的影子与胶片上所画影子重合，描画竿影线条，依影定日（见图 5），将手电筒在透明穹顶上的位置转换成太阳在天空中的点位，并用贴纸呈现出来。利用上述方法反推不同时刻下太阳在天空中的位置。

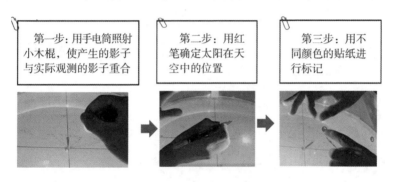

图 5　"依影定日"实验方法

（3）意图说明

之所以选择用透明穹顶记录太阳在天空中的位置，是受天球仪的启发。天球仪可以呈现出天体的视运动，因此，我利用这样一个半球形的透明亚克力罩来标记不同时刻太阳在天空中的位置。

（五）实验创新要点

1. 通过逐步建构太阳周年视运动轨迹模型，促进学生跨学科概念的形成（见表 2）。

表 2 太阳周年视运动轨迹模型与跨学课概念的关联

通过逐步建构太阳周年视运动轨迹模型，促进学生跨学科概念的形成	
跨学科概念	
系统与模型	稳定与变化
太阳周年视运动轨迹模型是一个系统，也是真实的周年日影关系的模型。手电筒在透明穹顶上的移动，是真实太阳运动的一种简化模型。模型可以反映系统的特点，可以分析周年日影关系，便于找出地球与太阳运动的关系。	阳光下物体影子的长短及位置、太阳在天空中的位置均在变化，且很复杂，但变化中也存在着稳定，这更容易反映系统的本质关系。

2.通过分阶段建构太阳周年视运动轨迹模型，培养学生的科学核心素养。

（1）学生进行为期12个月的探究实践活动（见图6），凝练科学精神与科学态度。

学生将带有小木棍的竿影观测胶片记录纸放在阳光下，亲自观测并记录阳光下不同时刻小木棍的影子数据，这项长时间观测活动为期12个月，积累了横跨12个月共计12天的观测数据（见图7）。

12个月

图6 学生进行长周期观测活动

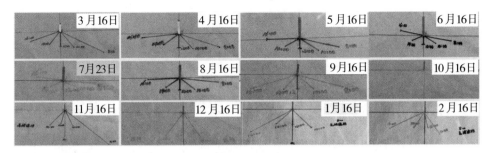

图 7　学生观测的 12 个月的影子数据

（2）让模型成为思维活动的有力载体，培养学生的科学思维能力。

学生充分利用收集到的数据，将空间缩小，制作太阳周年视运动轨迹模型（见图 8），并通过分析提出假设、建立模型、进行模型验证。

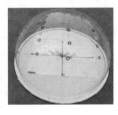

图 8　分阶段建构太阳周年视运动轨迹模型

学生积累了横跨 12 个月共计 12 天的观测数据，并利用太阳周年视运动轨迹模型对太阳在天空中的视运动进行多次假设、循证、模型解析等思维外显化与交互的过程，将复杂的规律逐步拆解为一个个可以"看见的"简单的规律，并通过大量的归纳推理，逐步建立太阳全年在天空中稳定运行的模型，从而间接地指向地球规律性的稳态运动。

（3）太阳周年视运动轨迹模型为核心概念的建构搭建了阶梯，助力了小学高年级段、初中、高中多学段的概念进阶。

学生在模型建构的过程中积累了大量的感性经验和系统观测数据的经验，这也将为小学高年级段学习影长的四季变化，初中、高中学习太阳直射点在南北回归线之间的移动提供证据支撑，为形成"宇宙中的地球"这一核心概念做好铺垫。

（四）实验教学过程

第一阶段	第二阶段	第三阶段
太阳周日视运动轨迹模型	太阳3—6月视运动轨迹模型	太阳周年视运动轨迹模型

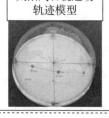  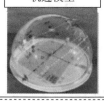

实物模型

概念模型

1. 太阳越高，影子越短；太阳越低，影子越长。 2. 太阳方向与影子方向相反。 3. 太阳在天空中的位置变化呈弧形。	1. 太阳越高，影子越短；太阳越低，影子越长。 2. 太阳方向与影子方向相反。 3. 太阳在天空中的位置变化呈弧形。 4. 同一时刻，太阳在天空中的位置越来越高。	1. 太阳越高，影子越短；太阳越低，影子越长。 2. 太阳方向与影子方向相反。 3. 太阳在天空中的位置变化呈弧形。 4. 同一时刻，太阳在天空中的位置越来越高。 5. 7月和1月，太阳在天空中的位置出现折返，但不原路返回。

图9 实验教学过程结构图

（一）建构太阳周日视运动轨迹模型

1. 建构太阳一段时间视运动轨迹模型——第一课时"立竿见影"。

【环节一】了解日影关系原型，建构模型。学生通过对7:40第一条影子和8:00、8:20的影子进行观测、分析，聚焦影子在不同时间具有方向、长短的变化。

教师：早晨进校时，我们观测、记录7:40的影子，8:00进行第二个影子的观测和记录，最后记录8:20的影子（见图10），看一看7:40、8:00和8:20这三个影子有什么不同的地方。

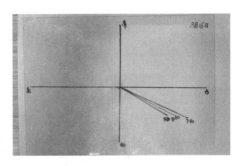

图 10　学生观测 7:40、8:00、8:20 的影子并记录

学生：①方向不同；②长短不同。

【环节二】应用模型。针对影子方向、长短不同与太阳在天空中的高度、方向的关系做出假设，并根据假设，推测第四个影子的变化，根据实际观测解释模型。

（1）思考影响影子方向和长短的因素，做出假设。

①教师提出问题：同样的位置，同样的小木棍，为什么影子会长短不同呢？你觉得跟什么有关？理由是什么？

学生：和太阳的高度有关，太阳高，影子短；太阳低，影子长。

②教师提出问题：为什么影子的方向不同呢？你觉得跟什么有关？理由是什么？

学生：太阳的方向不一样，导致影子的方向不一样；太阳在东边，影子就在西边，正好在太阳相反的方向。

（2）针对已有假设，推测第四个影子在方向、长短上的变化，并进行第一次实证。

教师提出问题：按照你的观点，我们即将测量的 8:30 的第四个影子会发生怎样的变化呢？请你将推测的结果贴在白板上。

学生：因为太阳的方向变化了，影子的方向也会变化，会从西变到西北方向；因为太阳升高了一些，影子的长度也会变短。

教师：你想怎么研究这个问题？

学生：实际观测。

【环节三】应用模型。根据前四个影子的变化趋势，推测 3 月 16 日一天中影子会如何变化。对每隔两小时影子会如何变化进行推测，并布置观测任务。

（1）教师引导：通过观察和测量，我们看到这四个影子的变化趋势，那么你们能不能预测 3 月 16 日这一天中影子又是怎样变化的？请同学们将结果贴在黑板上。

学生完成贴图，小组汇报，说明理由。

（2）课下继续观测 10：00、12：00、14：00、16：00 影子的变化。

2. 建构太阳周日视运动轨迹模型——第二课时"依影定日"。

【环节一】回顾影子的变化与太阳在天空中的位置的关系。

（1）回顾一段时间内影子的变化与太阳在天空中位置的关系（见图 11）。

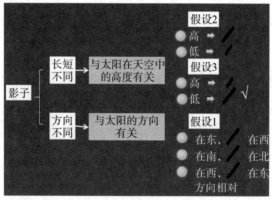

图 11 影子的变化与太阳在天空中位置的关系

（2）回顾 3 月 16 日一天中影子长短和方向的预测情况。

【环节二】交流影子观察记录单，初步发现影子一天内是如何变化的，并思考是谁的变化引起了一天中影子这样的变化，从而产生确定太阳在天空中位置的需求。

教师：观察 3 月 16 日一天中的影子，并将自己的预测和观察记录单比较一下，说一说自己的发现。

教师引导：很多同学都发现了自己的预测和实际情况还是有很大不同的，下面我们来一起分享大家的观察记录。

汇报交流：说一说3月16日这一天中五个时刻的影子是怎样变化的（见图12）。

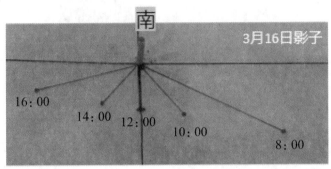

图12 3月16日8:00—16:00影子的数据

教师引导：是谁的变化引起了影子这样的变化？是怎样的变化，引起了影子这样的变化？

学生：是太阳的变化引起了影子的变化；太阳在天空中的位置从低到高再到低，导致了影子从长变短再变长；太阳在天空中的位置从东南到南再到西南，导致了影子从西北到北再到东北的变化。

【环节三】应用模型。依据观测到的影子，利用手电筒和贴纸确定太阳在天空中的位置，验证假设。

（1）教师：我们没办法确定太阳到底在天空中的哪个位置，用眼睛直接观察也容易灼伤眼睛，我们如何利用手电筒和太阳周年视运动轨迹模型确定太阳在天空中的位置呢？

学生：用手电筒进行照射，当小木棍产生的影子与实际观测记录单上的影子重合时，就能确定太阳在天空中的位置了。

（教师此时投影演示，移动手电筒，使影子出现方向和长短的变化）

（2）教师强调实验方法。

第一步：用手电筒照射小木棍，使产生的影子与实际观测的影子重合（见图13）。

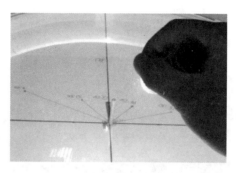

图13 用手电筒照射小木棍

第二步：用红笔确定太阳在天空中的位置（见图14）。

图14 确定位置

第三步：用不同颜色的贴纸进行标记（见图15）。

图15 贴纸标记

（3）学生利用影子观测记录单，在三维天球仪上确定 8：00、10：00、12：00、14：00、16：00 太阳在天空中的位置（见图 16）。

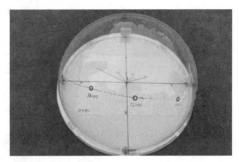

图 16　3 月 16 日 8：00—16：00 太阳在天空中的轨迹

教师引导：你最开始是怎样想的，收集到了哪些证据，这些证据有没有验证你的想法？

学生：我最开始认为是太阳的变化引起了影子的变化，太阳在天空中的位置从低到高再到低，导致了影子从长变短再变长；太阳从东南到南再到西南，导致了影子从西北到北再到东北的变化。太阳周年视运动轨迹模型直接验证了我的想法。

【环节四】基于五个时刻太阳在天空中的位置，思考太阳在天空中的"运行轨迹"。

教师：除了影子的变化与太阳在天空中的位置有关，你还有其他发现吗？

学生：我还发现太阳的轨迹在天空中是一个弧形。

教师提示学生可以把太阳周日视运动轨迹模型拿起来看一看，再来说一说太阳在天空中的"运行轨迹"是一个怎样的弧形。

学生：是一个从东到南再到西的弧形。

（二）建构太阳 3—6 月视运动轨迹模型——第三课时"追日寻迹"

【环节一】回顾旧知，引出新的研究问题，进行 4 月 16 日、5 月 16 日、6 月 16 日 8：00—16：00 的系统性观测。

教师：课下，有同学悄悄地和我说，他想知道 4 月 16 日太阳在天空中的运行轨迹与 3 月 16 日的一样吗？如果不一样，又会是怎样呢？于是，我们一起观测记录了 4 月 16 日、5 月 16 日、6 月 16 日这三天太阳的影子（见图 17），让我们从 4 月 16 日开始我们的研究吧。

学生：方向是从东到南再到西的，高度是由低到高再到低的，太阳在天空中的运行轨迹是一条弧形轨迹。

图 17　学生进行长达三个月的实际观测

【环节二】探究 4 月 16 日太阳在天空中的位置及形成的大致轨迹。

教师：基于 3 月 16 日的研究和 4 月、5 月、6 月每个月 16 日这三天影子的观测记录，你觉得 4 月 16 日这一天的五个时刻，太阳会出现在天空中的哪个位置？太阳在天空中的运动轨迹会是怎样的呢？请小组讨论后（见图 18），用黑色记号笔将假设记录在太阳周年视运动轨迹模型上。

图 18　学生课堂实录

（1）学生进行假设：太阳在 3 月 16 日的运动轨迹也是一个弧形。

学生利用太阳周年视运动轨迹模型做出假设展示（见图 19）。

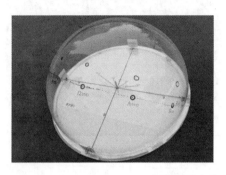

图 19　3 月 16 日 8：00—16：00 太阳在天空中的轨迹

（2）制订计划：如何研究这个问题？

学生：我们可以像研究 3 月 16 日的影子变化那样，利用收集到的 4 月 16 日的影子数据，确定 8：00—16：00 太阳在天空中的位置。

教师播放 3 月 16 日实验方法的视频，带领学生复习实验方法。

（3）学生利用 4 月 16 日影子，"依影定日"收集证据（见图 20）。

图 20　学生收集证据课堂实录

（4）处理信息：学生利用太阳周年视运动轨迹模型进行汇报。

小组学生利用立体天球仪汇报展示（见图 21）。

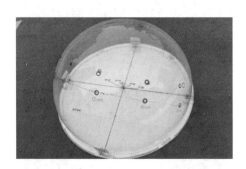

图 21　学生得出结论

（5）得出结论并小结：4月16日与3月16日相比，太阳在天空中的位置会变高，但是五个时刻连线依然大致呈弧形。

【环节三】探究5月16日、6月16日太阳在天空中的位置及形成的大致轨迹。

（1）教师：5月16日、6月16日这两天的五个时刻，太阳在天空中的位置还会变高吗？又会形成怎样的轨迹呢？小组内可以先讨论一下，再利用黑色记号笔做出假设，轻轻点上一个点，完成之后，想办法寻找证据，并得出结论。

（2）教师：汇报时一定要说清三件事，一是你的假设，二是你获得的证据，三是如何证实你的假设。

小组利用太阳周年视运动轨迹模型汇报展示（见图22）。

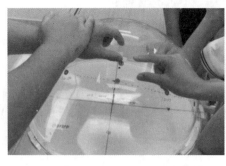

图 22　3—6月每月的16日8：00—14：00太阳在天空中的轨迹

学生：我最开始认为4月16日太阳在天空中的位置会比3月16日要高，

收集到的证据表明 4 月太阳在天空中的位置确实比 3 月要高，这证实了我的想法。

（3）得出结论：5 月、6 月和 3 月、4 月一样，太阳在天空中的位置也高了，形成的轨迹也大致呈弧形。3 月 16 日、4 月 16 日、5 月 16 日、6 月 16 日的每个时刻，太阳在天空中的轨迹大致在一条线上，但是不像 12：00 那么直。

【环节四】研讨：3—6 月影子与太阳在天空中的位置变化以及太阳在天空中的位置变化形成的轨迹的相同点和不同点。

（1）教师：今天，我们追随着太阳，寻找了一天中和不同月份之间太阳在天空中的运动轨迹（出示课题：追日寻迹），比一比 3—6 月形成的轨迹，你有什么发现吗？有哪些相同之处，又有哪些不同之处？（学生拿着太阳周年视运动轨迹模型到讲台上说一说）

（2）学生汇报展示（见图 23）。

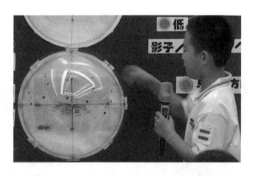

图 23　学生比较分析相同点和不同点

学生：相同之处有两点，五个时刻的太阳在天空中的位置连线大致都呈弧形；太阳在天空中都是从低到高再到低。不同之处也有两点，3 月 16 日、4 月 16 日、5 月 16 日、6 月 16 日这四天，太阳在天空中的位置越来越高；依据观测记录中的太阳在模型上的位置间隔不同，不同月份相比较，太阳轨迹所形成的弧形幅度也不同。

（3）教师小结：我们发现太阳的位置越来越高了，但是影子的长度、每个时刻太阳位置的间隔等存在不同。

【环节五】研讨：7月、8月、9月太阳在天空中的位置及形成的大致轨迹还是这样的弧形吗？

教师：7月、8月、9月太阳在天空中的位置及形成的大致轨迹还是弧形的吗？

学生1：我认为7月、8月、9月太阳的运动轨迹还是一个弧形，但是我推测太阳在天空中的位置会更高，影子会更短。

学生2：我认为太阳在天空中的位置应该不会再高了，因为高到顶，又该继续向北变低了。

（三）建构太阳周年视运动轨迹模型

8月、9月、10月、11月、12月会怎样呢？下一年的1月16日、2月16日又将会是怎样呢？学生用之前学习过的模型建构方法继续进行研究。

至此，太阳周年视运动轨迹模型已经建成。在3—6月已有模型的基础上，进一步增加了7月和1月太阳在天空中的位置出现折返但不原路返回的概念模型（见图24）。

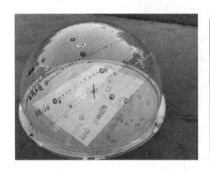

1. 太阳越高，影子越短；太阳越低，影子越长。
2. 太阳方向与影子方向相反。
3. 太阳在天空中的位置变化呈弧形。
4. 同一时刻，太阳在天空中的位置越来越高。
5. 7月和1月，太阳在天空中的位置出现折返，但不原路返回。

图24 太阳周年视运动轨迹模型

集日晷与圭表于一体的太阳周年视运动轨迹模型，以实物模型和概念模型两种形式从一天、一段时间，到3—6月，再到一年逐级建构。

专家点评

本案例中的实验采用了透明穹顶、透明 PET 薄膜、小木棍（2.8 厘米）、手电筒、中间镂空的各种颜色的贴纸等创新性实验材料，这些材料能够帮助学生更好地观察和记录太阳周年视运动轨迹，从而更好地理解地球与太阳的空间关系。

教学过程中，教师利用三个不同时间测得的影子方向和长度数据做支撑，利用自制教具逐步建构太阳周年视运动轨迹模型，并根据模型归纳出太阳的方向和高度对影子的方向和长短的影响，然后利用模型推测和测量后续时段影子的方向和长短。通过系统性观测、数据分析、模型建构等环节，引导学生层层递进，进行探究性学习，最终培养了学生的科学探究能力。

本案例充分体现了新课标中关于"宇宙中的地球"这一学科核心概念的要求，通过引导学生建构宇宙中地球运动的模型，帮助学生了解地球、太阳等天体的运行规律，从而更好地理解系统与模型、稳定与变化这两个跨学科概念。

美中不足的是本案例的学习活动耗时较长，记录数据量较大，重复工作较多，这样的学习任务适合少数对天体运动非常热爱的学生，多数三四年级的孩子是做不到的。教师可以尝试将任务分成若干个阶段性小任务，引导学生分组轮流完成，并将数据、资源共享，从而培养学生的协同合作和严谨的科学精神。

《"蚕的一生"智能观察》实验教学创新案例

浙江省湖州市新风实验小学教育集团　王露

 实验教学背景

（一）教材与课标解读

本实验是针对教科版《义务教育教科书 科学》三年级下册第二单元《动物的一生》设计的，涵盖五课时内容（具体内容见表1）。

表1　五课时具体内容

第1课《迎接蚕宝宝的到来》	第3课《蚕长大了》	第4课《蚕变了新模样》
第5课《茧中钻出了蚕蛾》	第6课《蚕的一生》	

本单元隶属于新课标核心概念中的"生命的延续与进化"，共有八课时，课程编排呈现出大单元的设计理念，可清晰看到两条主线，其中第1课、第3课、第4课、第5课、第6课以观察"蚕的一生"为研究载体，形成第一条主线，呈现了蚕的生长变化和生命周期现象；第2课、第7课、第8课为第二条主线，延伸到对其他动物的认识，呈现出"由个别到一般，由个性到共性"的认知规律。本实验内容对应新课标"学生必做探究实践活动"中的"养殖一种小动物（如家蚕、家兔等），并观察其生长和繁殖"实验活动。

饲养小动物是小学生喜闻乐见的科学实践活动，早在一年级"动物"单元就有过观察蜗牛、鱼等常见动物的经验，但都仅涉及一课时的短期观察。像"蚕的一生"这样长期饲养、系统观察、细致探究、连贯记录的经历，尚属首次，对三年级学生的耐心、毅力与科学综合素养都具有挑战，所以本单元也一直是小学科学实验教学中的难点和重点。

（二）教材实验分析

在多年一线教学中，我发现传统塑料蚕盒存在功能单一、蚕的粪便清理不便、观察工具无处收纳、观察目标不明确、细节观察有困难、观察角度有局限、饲养环境无法监测、温湿度不能调节、实验记录容易缺失、长期观察缺乏吸引力等诸多不足。这些不足，会使看似如火如荼的观察活动，实质上并未随着课程的进程形成教学目标的进阶，收效甚微，学生的思维成长受到一定的限制。

实验教学目标

科学观念：通过饲养蚕以及观察蚕的生长变化，知道动物生存需要适宜的条件；知道动物和蚕一样，都要经历从生到死的生命过程；通过养蚕活动和阅读活动认识生物通过生殖、发育和遗传实现生命的延续。

科学思维：能基于证据描述蚕一生的生长发育过程，并能利用建模的方法呈现昆虫一生的生长变化过程；能对自己饲养和观察蚕的过程、方法进行反思和评价。

探究实践：能设计简单方案并实施操作，搜集动物生存、生长所需条件的证据；能记录、整理和描述常见动物从生到死的生命过程。

态度责任：对饲养动物以及观察动物的生命周期产生兴趣；在养蚕过程中，能感受到生命的可爱和可贵；愿意与人分享养蚕经验和自己的观察记录结果。

实验改进创新

（一）实验教学内容

1.驱动问题引入，聚焦"给蚕宝宝建一个家"，师生协作创新教具。

2.开展长期观察，用多种方式记录观察结果。

3.梳理观察结果，以"蚕的一生"为载体，延伸到对其他动物的认识。

4.充分组织交流，感知"由个别到一般，由个性到共性"的认知规律，建构起动物生命周期的模型。

5.拓展：相关动物饲养，也可以利用长时间观察记录的方式。

（二）实验器材

亚克力板及专用胶水、主板、温湿度传感器、雾化传感器、高清网络摄像头（可夜视）、恒温加热板、LED 显示屏、LED 灯、磁铁、合页、电子显示屏、照片打印机、移动电源、放大镜、不干胶透明刻度尺、轨道滑轮、标签纸（见图 1、图 2）。

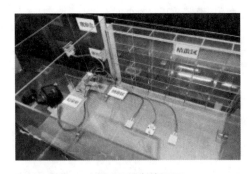

图 1　智能观察仓俯视图　　　　图 2　智能观察仓平视图

（三）实验改进要点

我对本单元的实验教学进行了两个方面的实验教学创新：一是课程项目化整合，二是核心教具的创新改进。

1.课程项目化整合（见图 3）：基于儿童、逆向设计、搭建支架。

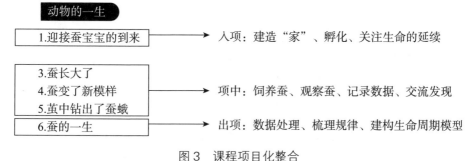

图 3　课程项目化整合

2. 实验教具创新：真实需求、学生主体、学科融合。

实验教学中，基于传统塑料蚕盒存在的不足，学生将蚕盒进行了智能创新。与传统塑料蚕盒相比，智能观察仓功能多元，在使用上能够贯穿整个单元。仓体分区明确，包含饲养区、结茧区、储藏区、观察盒、智控室、记录室六大功能区域，并配有摄像头、报警器、单片机、各类传感器、恒温加热、加湿器等配件。

每个区域目标指向明确，实现了"饲养功能一体化（六项分区）、饲养环境智能化（温湿度检测）、观察结果放大化（高倍放大）、观察过程全视化（24 小时持续）、观察角度多元化（三面放大）"五大创新亮点，全面体现了学科融合。

四　实验教学过程

《动物的一生》教学时长近两个月，以"蚕的一生"贯穿始终，本实验教学通过教具创新，整合了五节课的内容，体现大单元教学理念。教学期间将智能观察仓置于教室，为学生全面开放，实验盒复制十二组供小组实验使用。

下面以三节课的课堂实验教学为例，详细讲述实验创新后的教学过程。

（一）入项：建造"家"饲养蚕，项目学科融合教学——第1课《迎接蚕宝宝的到来》

1.聚焦环节：基于儿童，聚焦学科核心概念。

单元伊始，进行前概念调查。本地作为丝绸之府，几乎所有的孩子都有过养蚕或者见过别人养蚕的经历（见图4）。

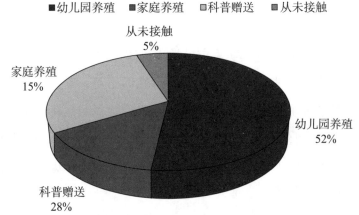

图4　学生养蚕经历调查

2.探索环节：逆向设计，以终为始进行教学设计。

（1）先确定预期结果，这个单元，我们要在这个"家"里开展哪些学习活动，完成哪些学习任务？（饲养蚕、观察蚕、记录变化、总结规律）

（2）驱动细化：如何为蚕建一个适合生存、便于观察的"家"？

（3）头脑风暴：学生查阅资料或请教蚕农，自主思考如何获取温度、湿度的信息并进行控制？蚕宝宝吃什么，如何吃？怎样观察得更清晰？养蚕工具、桑叶如何整合摆放？如何定期出沙，保持观察仓的清洁？

3.研讨环节：搭建支架，关注需求优化实践。

（1）材料支架：亚克力板及专用胶水、磁铁、合页、放大镜、不干胶透明刻度尺、轨道滑轮、标签纸、照片打印机、移动电源。

（2）信息化支架：主板、温湿度传感器、高清网络摄像头（可夜视）、恒温加热板、LED显示屏、LED灯。

（3）绘制草图：学生绘制观察仓草图，交流讨论寻求解决方案。教师总结，提供帮助，形成智能观察仓统一方案。

（4）完成制作：教师利用软件精准建模，利用亚克力板等材料和学生一起完成剪裁、拼接，制作实物等环节，给学生提供学习的材料支架；利用单片机编程达成智能目标，给学生提供学习的信息化支架（见图5）。

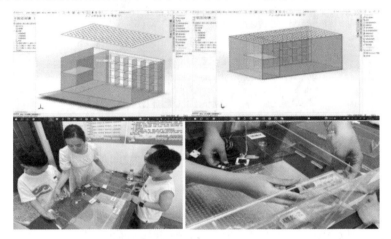

图5　教师利用软件精准建模与制作

4.拓展环节：自主饲养蚕宝宝。

在智能观察仓内进行自主饲养，并完成以下步骤。

（1）学生在饲养区完成日常喂食任务，尝试按照设计方案拉出饲养区垫板，完成除沙；将所有工具和当天使用的桑叶放入储藏区；结合数字显示屏，观察温湿度并记录。

（2）思考温度、湿度、喂食量等对蚕宝宝的成长有什么影响，怎样调整智能观察仓中的环境直至最适宜。

（3）思考智能模块对科学实践活动的重大意义有哪些。例如，若遇到灯光报警器亮红灯，则证明环境条件不足，于是恒温加热模块自动启动，加湿器也开始工作，直至达到适合蚕生存的物理环境为止，报警器熄灭。

（二）项中：观察蚕的变化，探究学习方式教学——第3—5课

1.聚焦环节：落实核心实验任务——蚕是怎样运动的？蚕是如何进食

的? 蚕的口器有什么特点? 蚕是如何排泄的? 蚕的身体结构是怎样的? 蚕的体长有什么变化?

2.探索环节: 指导学生自主观察探究。

(1)首先, 拿出观察盒(见图6)。

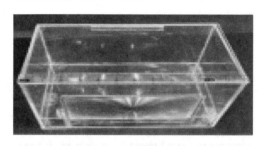

图6 观察盒

(2)接着将蚕放入观察盒中, 盒的底部是一面放大镜, 可清晰观察到蚕的足的特征和运动方式。

(3)转换角度, 加入一小片桑叶, 侧面有另一面放大镜, 可清晰地观察到蚕的口器和进食以及身体结构。用棉签轻轻地拨动蚕, 观察蚕的反应。

(4)随后将蚕置于透明盖板上, 可测量体长, 也可将观察盒盒底反转继续放大观察。

(5)边观察, 边记录。

3.研讨环节: 基于观察, 交流养蚕过程中的新发现, 深入认识蚕的身体变化和生命活动现象。思考蚕的一生能分为哪几个主要阶段, 每个阶段大约有多长时间, 蚕的一生大约有多长时间。

4.拓展环节: 从"蚕的一生"延伸到"动物的一生", 思考不同种类的动物的一生有什么相同和不同之处。

(三)出项: 记录与数据分析, 合作学习方式教学——第6课《蚕的一生》

1.聚焦环节: 制作"观察手账"。

(1)首先, 回顾制作"观察手账"的方法, 把观察到的内容记录下来。

（2）打开摄像头，调整角度，任何时候均可以利用摄像头拍摄照片或视频。

（3）用迷你打印机打印照片，并配以时间、文字、数据等，粘贴在"观察手账"上。

2.探索环节：召开展示交流会，用视频、照片、图画、记录表等形式展示蚕的生长变化，感悟蚕生长发育的生命历程。

3.研讨环节：通过梳理分析蚕的身体变化的数据，讨论蚕的一生能分为哪几个主要阶段，每个阶段大约有多长时间，蚕的一生大约有多长时间。

4.拓展环节：尝试饲养其他动物，观察、分析其他动物的一生，也可以利用长时间观察记录的方式。

专家点评

　　智能观察仓的设计和制作，将传统塑料蚕盒的功能单一、观察工具无处收纳、观察目标不明确等问题进行了改进，使观察过程更加全面、细致。在此基础上，教师将网络高清摄像头引进教学，使观察活动打破时间和空间的限制，学生在课后时间、在家里也能观察到蚕的生长，尤其是蚕在夜间的活动，这对于常规的教学活动而言是个突破性的设计。这样的装置，能够让学生长时间保持观察蚕的生长变化和生命周期现象的高度热情。

　　本案例通过项目化整合，将五课时内容有机结合，使学生能够在一个完整的项目中进行长期观察、系统探究，有助于提升学生的科学探究能力和综合素养。以"蚕的一生"为研究载体，延伸到对其他动物的认识，体现了"由个别到一般，由个性到共性"的认知规律，建构起动物生命周期的模型，体现了新课标对科学思维发展的要求。

《用水计量时间》实验教学创新案例

重庆市巴蜀小学　杨小梅

 实验教学背景

　　本实验是针对教科版《义务教育教科书　科学》五年级上册第三单元第2课《用水计量时间》设计的。通过实际教学发现，教材中的方法有如下不足：古代水钟内部结构不易观察，可供查阅的资源有限，学生难于理解；用矿泉水瓶和铁架台做滴漏实验，现象不直观，且铁架台笨重。

　　基于教学实践，我们在古代水钟教具制作上做了很多思考。如受水型水钟的设计思路是用透明可视材料和水龙头配合使用作为四层刻漏的四个壶体（日天壶、夜天壶、平水壶、受水壶），用泡沫和塑料尺作为箭尺部分。但是，为了保持箭尺在上浮时不倾斜，还要让箭尺的尺寸与受水壶壶口宽度相当，用泡沫贴边减小上下浮动时的摩擦力。为了让实验效果更明显，水也要加上色素，便于观察。坐架的高度要依据壶体来确定。

二 实验教学目标

　　科学观念：水钟通过一定的装置，能够保持水在一定的时间内以稳定的速度往下流，从而起到计时作用；我们可以控制水流的速度，使水钟计时更加准确。

　　科学思维：利用模型解释简单的科学现象。

　　探究实践：学习水钟设计的科学原理与技术方法，探索设计、制作水钟实验装置。

　　态度责任：了解我国古代劳动人民的智慧，明确科学与技术对日常生活的重要作用。

 三　实验改进创新

　　（一）实验器材

　　泄水型水钟：透明水桶、热熔胶枪、塑料水龙头、剪刀、刀子、塑料尺、泡沫、红色记号笔等。

　　刻漏：四个透明水桶、热熔胶枪、塑料水龙头、接水盘、剪刀、刀子、塑料尺、泡沫、红色记号笔等。

　　受水型水钟：透明水瓶、PVC管、泡沫、木块、一次性输液管、齿轮条、小齿轮、螺丝钉等。

　　滴漏实验装置：两个500毫升烧杯、一颗钉子、一个一次性餐盒、红色的水。

　　（二）教学设计创新

　　1. 自制两个"透明古代水钟"教具，学生可以清晰地看到水钟原理，结合视频真实还原水钟科学史。

　　2. 用对比实验的方法进行滴漏实验，自主探究影响滴速的科学本质（漏孔的大小和水钟内水量的多少）。

　　3. 科学链接技术，数据处理训练数学思维，力图体现STEM教育新理念。从影响水钟滴速的实验探究，到水钟的设计与制作，让学生认识到其中的科学原理、设计创新、数学思维和工程思想，较好地体现了当前科学教育倡导的STEM教育新理念。

　　4. 实验探究链接古今生活，问题层层递进，科学生活化的本质得以彰显。

（三）实验设计创新

1.实验材料创新（透明可视材料，因时因地取材）：一次性餐盒随处可见，而铁架台笨重，不适宜多组实验；通过实验发现，用一次性餐盒和红色的水做实验后，盒中残留水的现象清晰可见，而用倒立的矿泉水瓶来做，由于瓶盖不是透明的，残留水不易观察（见图1）。在自制古代水钟模型时，用的也是生活材料。

图 1 创新实验材料

2.实验方法创新（全过程对比，方法简单）：用同样漏孔的容器分别进行300毫升和500毫升的全过程滴漏，连续记录每滴下50毫升需要的时间，数据清晰，方法简单，现象明显，规律易得。

3.实验数据处理和分析创新（问题解决，启发新问题）：简洁明了地连续记录数据，通过计算分析，每50毫升水滴漏的时间越来越长。再对数据进行对比分析，学生发现了更多奥秘，如影响滴漏速度的因素除了漏孔的大小外，还有水量的多少。这就解决了我们最开始提出的问题，水滴的流速由漏孔大小和水量多少两个因素决定，也引出了新的问题：古人的水钟是如何保持流速一定的？泄水型水钟里的水用完怎么办？受水型水钟的水满后是倒掉还是换个受水壶？我们自己做的水钟，如何保持流速一定呢……

（四）实验改进点

在滴漏实验中，生活材料方便好找，但 500 毫升烧杯口径较大，需要专注地观察液面变化且连续计时，因此设计 50 毫升作为一个计时点，增大测量间距以减小误差。中间用钉子堵住的孔反复使用后会变大，影响实验效果，为了减小这个误差，在选用钉子时，也要用较小的钉子。

（五）实验原理

影响滴漏速度的因素除了漏孔的大小，还有水量的多少。水量越大，水压越大，滴速越快；水量越少，水压越小，滴速越慢。由于水的表面张力可以托住一部分水，最后始终有一部分水残留在水钟内。

四　实验教学过程

（一）认识古代水钟

1. 通过看图，明白古代水钟分为泄水型水钟和受水型水钟两种。

2. 通过观看博物馆视频和自制透明古代水钟明白水钟原理，如图 2 所示。

3. 以不透明的四层刻漏为例（见图 3），将箭尺与泄水型水钟的浮尺对比，引出滴漏实验。

图 2

制　作　　　　测　试　　　　成　品

图 3　"透明古代水钟"教具改进流程

（二）滴漏实验

以问题"影响滴速的因素是什么"导入，开启学生"问题—猜测—实验—记录—分析—结论"的自主探究过程。用对比实验的方法，连续记录每 50 毫升水滴漏的时间，对数据进行分析，如图 4 所示。

300 毫升水量　　　　500 毫升水量　　　　　实验观察与记录

图 4

（三）总结与拓展

追溯古代水钟保持等时性的奥秘，为学生下一节课自制水钟做好铺垫。

专家点评

本实验教学从观察古代水钟开始，但古代水钟的图片很不清晰，即使拍到真实图片，其内部构造也看不到。基于这个困难，教师模拟古代水钟，设计并制作了"透明古代水钟"的教具，帮助学生直观、清晰地观察古代水钟的工作原理。重点解决两个问题，一是怎样保证水的流速不变，二是如何标记时间。学生观察"透明古代水钟"的现象，并在观察现象的基础上提出假设，培养了证据意识，提高了推理能力。

在教学过程中，教师能够紧紧围绕"影响水流速度的因素"组织学生展开讨论，设计对比实验，控制无关变量保持不变。实验选择一次性餐盒作为实验材料，具有易获得、好操作、便于观察等优点。

值得注意的是，本实验的核心目标是测得水流速度与水量多少、滴孔大小有关，残留在容器中的水只对泄水型水钟产生数据偏差，可以将残留的水考虑进误差范围，培养学生尊重事实的求真精神。

《探究蜡烛燃烧时产生的变化》实验教学创新案例

湖南省株洲市荷塘区星光小学　　曾梦捷

 实验教学背景

（一）教材与课标解读

本实验是针对青岛版《义务教育教科书（五·四学制）　科学》四年级下册第五单元中的第 1 课《蜡烛燃烧》设计的。研读《义务教育科学课程标准（2022 年版）》，本课的核心概念指向"物质的变化与化学反应"，学习内容为"物质变化的特征"，学业要求是"能寻找证据解释和判断物体发生变化时，其构成物质是否改变"。本课实验内容对应新课标"学生必做探究实践活动"中的"观察产生了新物质的变化，如蜡烛燃烧、铁钉生锈等"实验活动。

学生已经具备一定的设计实验和分组实验的能力，有相关知识基础，但缺乏辨析证据的能力，需要教师指导。

（二）教材实验分析

教材中有以下两个活动。

活动 1：蜡烛燃烧时会发生哪些变化？

活动 2：生活中有哪些生成新物质的现象？

教材中的实验是学生用烧杯迅速收集气体后，加入澄清的石灰水振荡。在实践中发现该实验有几方面的缺陷。

1.学生用烧杯罩在蜡烛上方时，教师需要注意提醒学生转动烧杯，使烧杯口受热均匀，否则烧杯在受热不均匀的情况下容易炸裂。

2.翻转烧杯，迅速将澄清的石灰水倒入烧杯中振荡。由于烧杯是敞口的，并且边缘有缺口，在迅速翻转的过程中，收集到的气体可能会散逸；而且对于小学生来说，在收集气体时无法清晰获知二氧化碳气体的收集量，因此可能导致后续验证时现象不够明显。

3.烧杯内出现小水珠的时间较短（见图1），实验所形成的炭黑聚集在烧杯顶端（见图2），不便于学生观察。

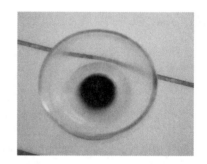

图1　烧杯内出现小水珠　　　　　图2　炭黑聚集在烧杯顶端

4.三个证据链（见图3）都需要逐个依次进行操作验证，不利于大活动设计及课堂高效进行。

图3　获取三个证据链的实验

 实验教学目标

科学观念：通过观察燃烧蜡烛的现象发现物体发生了变化，构成物体的物质也发生了改变。

科学思维：借助推理、论证、分析与综合的思维方法验证猜想，获取结论。

探究实践：能基于所学知识设计实验，探究物质的变化，能利用所学知识解释生活中的例子。

态度责任：乐于合作与交流，对探索物质变化充满兴趣。

 实验改进创新

（一）实验教学内容

借助实验装置操作，杯壁出现水珠、炭黑聚集在陶瓷盖、石灰水变浑浊这一系列实证，推理得出"蜡烛燃烧时会有新的物质生成"这一结论。

（二）实验原理

蜡烛燃烧是化学反应，蜡烛在充分燃烧时，本身含有的碳和氢两种物质就会跟空气中的氧气结合，生成无色、无味的水蒸气和二氧化碳。因此蜡烛在燃烧时，会产生水、二氧化碳和碳等新物质。

（三）实验设计思路

1.用双层玻璃杯替代烧杯，借助支架无须手持，防止烫伤且方便操作（见图4）。

图4 改进后的实验装置

2. 二氧化碳气体在双层玻璃杯夹缝中生成，与澄清石灰水溶液直接接触，凸显效果的同时还能省掉学生收集这一步骤，简化操作难度，如图5所示。

图 5　二氧化碳气体与澄清石灰水溶液直接接触

3. 实验装置一体化（见图6），在一次操作中解决蜡烛燃烧变化产生新物质的系列证据链，提高实验效率。

图 6　实验装置一体化

4. 在实验过程中加入高清摄像头（见图7），利用其视角区域广、图像清晰及能够回放等特点提升学生观察效果，便于梳理结论时再现实验过程。

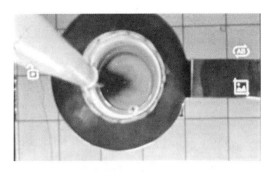

图 7　利用高清摄像头录制实验现象

5. 自制纹影装置（见图 8），显现蜡烛燃烧生成的气体影像，解决学生"看不见"二氧化碳的难题。

图 8　自制纹影装置

（四）实验器材

选用两个无底玻璃杯进行套装，形成双层夹缝；陶瓷盖（替代玻璃底）、带显示屏的摄像头、自制纹影显示器、打火机、蜡烛、澄清的石灰水等，如图 9 所示。

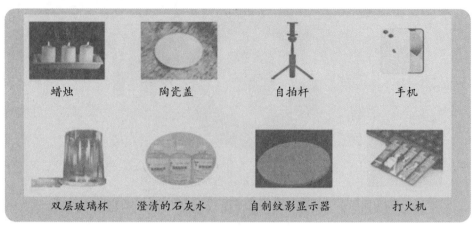

蜡烛　　　　陶瓷盖　　　　自拍杆　　　　手机

双层玻璃杯　　澄清的石灰水　　自制纹影显示器　　打火机

图9　实验器材

四　实验教学过程

（一）情境聚焦，明确问题

播放蜡烛在燃烧过程中逐渐变短的视频，引发学生思考：蜡烛燃烧时不断变短，变短的部分去哪儿了。引入本课主题"蜡烛燃烧"。

（二）实践探究，找寻证据

1.现象观察，引发猜测。

点燃蜡烛，让学生交流观察到的现象，探讨蜡烛燃烧过程中可能产生了哪些物质。学生猜测可能生成了看不见的物质——氧气、二氧化碳、水蒸气；有时还冒黑烟，有蜡油（烛泪）。教师顺势提出任务：我们需要将蜡烛燃烧时可能的产物收集起来，然后再鉴定。学生自然会思考用什么收集，怎么操作。教师接着出示实验器材，让学生讨论设计收集方案。由于蜡烛火焰向上的特点，大部分学生会想到将集气瓶倒扣过来。"难道气体不会跑吗？"这样的疑问让学生的思考进一步深入：我们不仅要收集气体，还要防止其逃逸，于是自制双层玻璃杯这一器材自然而然地呈现出来。

2.梯度递进，揭秘证据。

为了让"蜡烛燃烧时产生的变化"成为学生真正自主探究的大活动，在学生实践操作前，教师给出学习任务单。

（1）仔细观察实验现象，并如实记录。

（2）如果有气体产生，你认为装置中哪里有该气体？

（3）蜡烛燃烧时产生的气体还可以让蜡烛或其他易燃物体继续燃烧吗？自主想办法验证。

（4）这些现象说明什么？

学生的实践探究有了层次和进阶，科学思维在该环节中得到螺旋式上升。

通过实验可以看出，在玻璃杯内壁均有明显的雾状物质产生，学生能够根据生活经验和已知猜测，可能是水蒸气凝结成的雾。那怎么确定这种物质就是水，并且确实是蜡烛燃烧产生的呢？可在内环玻璃杯壁处放置少量沾有遇水变色粉末的棉絮。点燃蜡烛后，蜡烛燃烧产生的物质会接触遇水变色的粉末，观察一段时间后会发现粉末颜色发生改变，并且颜色不断加深。这个装置和实验现象，用可见的方式证明蜡烛燃烧确实产生了水，对学生来说更有说服力。

3.巧借现象，实现思维进阶。

在实验证明蜡烛燃烧产生水之后，对于蜡烛燃烧时产生二氧化碳该如何检测呢？学习单上的提示会让学生自主思考：蜡烛燃烧时产生的物质还可以让蜡烛或其他易燃物体继续燃烧吗？学生此时知晓燃烧后的气体在夹层中，于是用点燃的火柴放入夹层内检测，发现蜡烛燃烧的产物中有一种可以让火焰熄灭的物质。接着，引导学生结合生活中灭火的原理，猜测这种气体可能是二氧化碳。那如何确定这种可以灭火的气体就是二氧化碳呢？这时候，玻璃夹层中澄清的石灰水变浑浊的现象已经让学生收获了证据。并且陶瓷盖上的黑色物质也没有被学生忽略，证据在逐渐完善中。

4. 梳理交流，完善证据。

科学探究实践过程中，最为关键和重要的就是学生依据实验现象展开论证和交流。在此环节中，教师将实验现象借助录制的视频截图呈现，这时候，所有学生完全聚焦，他们开始汇总罗列，思维在此碰撞，证据开始不断堆砌。水、陶瓷盖上的黑色物质、二氧化碳气体，让证据更加充分，且都指向了该课教学的最终目标——蜡烛燃烧产生了新的物质。不言而喻，本课的教学重难点已经得到解决，学生在严谨而科学的实验操作中自主获取了科学知识。

（三）交流评价，学以致用

拓展延伸部分，引导学生联系生活，找一找生成新物质的变化在生活中的应用。通过层层递进的活动，训练学生的观察、比较、假设、猜想、实验、推理、判断等探究能力。

（四）拓展应用，科学延续

小小的蜡烛被点燃，竟然包含了这么多的科学知识，物质变化真是太神奇了。这时候教师通过自制纹影显示器让学生"看见"二氧化碳，接着向学生介绍蜡烛还可以用来做很多趣味实验，最后利用视频资源播放隔空点火、杯子喝水的实验以及法拉第对于蜡烛的研究，将科学的学习延续到课外。

专家点评

在本实验教学中，教师为了让实验产生更好的现象效果，在很多方面进行了探索，比如研制了一个双套杯结构，在夹层中装入澄清的石灰水；为了更安全、更方便地观察杯子的底部，改为使用可活动的陶瓷盖；为了让操作更平稳，教师还自制了铁制固定架。这一套实验装置的开发体现了教师在教学中的创造性和智慧。但是与教材的一个烧杯和一个蜡烛的简易实验用品相比，教师所研制的实验装置虽然现象更加明显，但操作过程变得复杂、难懂。本案例没有展示课堂教学的过程，根据这套装置的复杂性可以推想教师在教学中可能需要一步一步地告诉学生，学生的实验容易出现亦步亦趋、按部就班的现象。教师利用所研制的实验用品进行教学，容易使学习失去探究性、互动性和启发性。

另外，本实验教具在纹影装置对现象的解释上需要论证，蜡烛燃烧后火焰上部的气体是否能代表生成的就是二氧化碳。除了新产生的二氧化碳外，是否还包括水蒸气以及周围的冷空气与热空气的对流问题。希望实验教学能够将教师教育智慧回归到促进学生更好地学习中去，而不仅仅从教师更好地教的角度做创新与研发。

《让小车运动起来》实验教学创新案例

重庆市人民小学　尤倩

 一 实验教学背景

（一）教材与课标解读

本实验是针对教科版《义务教育教科书　科学》四年级上册第三单元第 1 课设计的，属于《义务教育科学课程标准（2022 年版）》"物质的运动与相互作用"学科核心概念中的"力是改变物体运动状态的原因"这一学习内容，要求学生能够说出小车运动的快慢与拉力大小的关系。本实验通过让学生自己设计实验方案、选择实验材料来探究小车运动的快慢与拉力大小的关系，在教学过程中融合数学知识，有助于学生跨学科知识的融合与运用。本实验在单元中具有重要地位，对于培养学生的探究能力、科学思维有重要意义。它既包含对之前运动相关知识的复习，又能为学生进一步学习用不同动力驱动小车运动奠定知识和能力基础。本实验对应新课标"学生必做探究实践活动"中的"研究拉力大小与改变小车运动快慢的关系"实验活动。

（二）教材实验分析

在教材给出的探究实验中，学生尝试用棉线一端连接小车，另一端连接曲别针和垫圈，利用垫圈自身重力拉动小车，基本可以达成课标对学生的要求。但在实际教学操作中，明显存在计时不准、距离变化和外力影响三个方面的问题。

二 实验教学目标

科学观念：知道拉力可以使静止的小车运动，能判断小车运动的快慢。

科学思维：能在教师的指导下利用光电门、轨道、小车、棉线、滑轮等工具设计、改进实验。

探究实践：根据实验现象初步得出结论，分析小车运动的快慢与垫圈数量的关系，总结小车运动的快慢与拉力的关系；学会使用实验仪器进行实验操作。

态度责任：在好奇心的驱使下，乐于动手操作实验；能详细记录、报告观察到的实验信息。

三 实验改进创新

（一）实验原理

本实验采用垫圈重力作为拉力，拉力达到一定程度时小车开始运动。在相同的距离内，所用垫圈的数量不同，小车运动的时间不同，从而推断小车运动的速度不同，以此探究出拉力越大（垫圈数量越多），小车的运动速度越快。

（二）实验器材

小车和带有刻度的光滑轨道、滑轮、棉绳、回形针、金属垫圈、秒表、光电门传感器、数据采集器、电脑、DIS 软件连接线。

（三）实验设计思路

从解决问题、严谨实验这一真实情境出发，引导学生对装置进行如下改进。

选用带有刻度的光滑轨道，轨道两端固定，控制小车的运动轨迹和运动距离，以更好地分析单一变量对小车运动快慢的影响，避免了无效的实验次数，节省了实验时间，使实验更加便利，获得的数据也更为严谨。用光滑轨道且终点安装一个滑轮，减小了摩擦力对实验产生的影响。

针对实验中计时不准的问题，引入了新仪器——光电门传感器。当物体通过光电门时，光被挡住，计时器开始计时，当物体离开时停止计时，这样就可以准确呈现物体运动的快慢。

实验时，在小车上安装遮光条，可以准确测量出小车通过光电门的时间。由于小车运动距离固定，所用时间的长短即可反映出小车运动的快慢。

（四）实验创新要点

1. 用光电门传感器代替传统秒表计时，消除了学生计时不准确所造成的偶然误差。

2. 准备带有刻度的、两端固定的轨道，轨道两端加有柱子（见图1），保证了小车的运动轨迹和距离，能够更好地分析单一变量对小车运动快慢的影响，同时减少了重复实验的次数。轨道末端加入定滑轮（见图2），在保证拉力方向的同时，减小棉线与桌面的摩擦，使实验数据更严谨。

图1　轨道带刻度，起点安装金属柱　　图2　终点安装滑轮

3. 光电门传感器（见图3）收集数据可以自动生成表格，操作简单方便，数据清晰明了，更有利于学生进行实验数据分析，得出拉力大小与小车速度的关系。

图 3　光电门传感器

改进后的实验装置（见图 4）采用一前一后两个光电门，分别采集小车通过光电门所用的时间，经计算机自动得出小车通过光电门的速度。重复实验可收集采用不同数量的垫圈拉动小车时小车通过光电门的速度，分析实验数据可总结拉力大小与小车运动速度的关系。

图 4　改进后的实验装置

四　实验教学过程

（一）创设情境

【呈现不同类型的车的图片】

教师：观察图片，说一说照片上是什么。

学生：都是车。

教师：这些车一样吗？是否有什么不同？

学生：有的车是人拉的，有的车是马拉的。

【过渡】

教师：尽管它们是不同年代的车，但是它们运动起来都离不开什么？

学生：力。

【引导】

教师引导学生分析使马车、汽车、缆车等不同年代的车运动的力来自哪里。

学生：使马车运动的力来自马，使汽车运动的力来自汽车的发动机，使缆车运动的力是缆绳提供的。

（二）引入课题

【组织分享】

教师：在之前的课程中，我们用棉线拉动小车进行探究，力是从哪里来的？

学生：垫圈的重力。

教师：谁还记得实验的结果是什么？

学生：垫圈的重力越大，拉动小车的力越大，小车运动速度越快。

教师：你们的记性非常好，那请大家回忆一下当时做这个实验的时候，有没有什么不足？

学生：秒表计时不准确，测量的数据不准（如果答不出，用 PPT 动图引导）。

教师：刚刚大家发现了很多问题，我们把这些问题分为三大类，分别是计时不准、距离变化和外力影响（见图 5、表 1、表 2）。

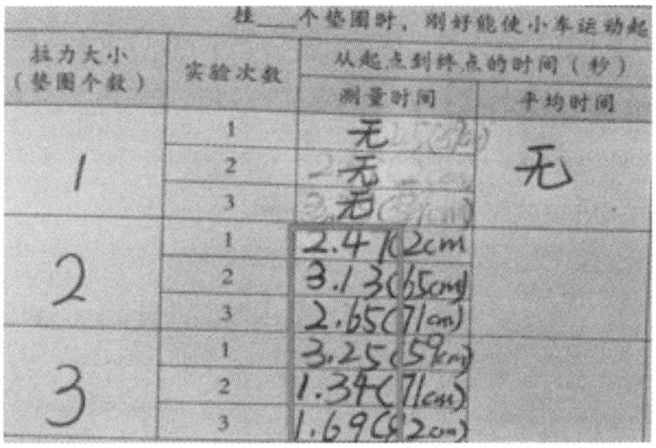

挂___个垫圈时，刚好能使小车运动起

拉力大小（垫圈个数）	实验次数	从起点到终点的时间（秒）	
		测量时间	平均时间
1	1	无	无
	2	无	
	3	无	
2	1	2.4(62cm)	
	2	3.13(65cm)	
	3	2.65(71cm)	
3	1	3.25(59cm)	
	2	1.34(71cm)	
	3	1.69(92cm)	

图 5　学生常见的计时不准的实验数据

表 1　学生常见的距离变化问题分析表

实验现象	问题分析
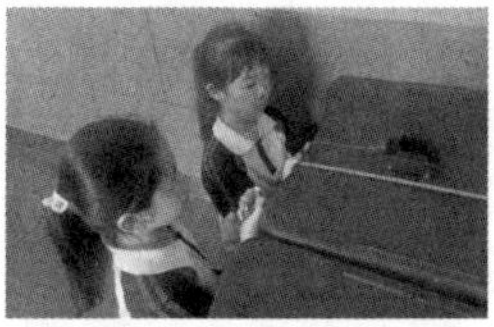	1. 小车未行驶至终点便停止； 2. 小车运动路线与刻度尺不平行，导致行驶路程变长
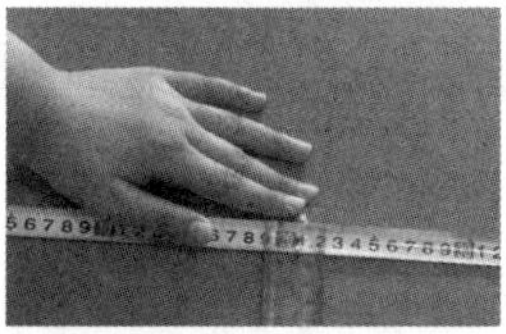	学生测量起点和终点时的数据不准确
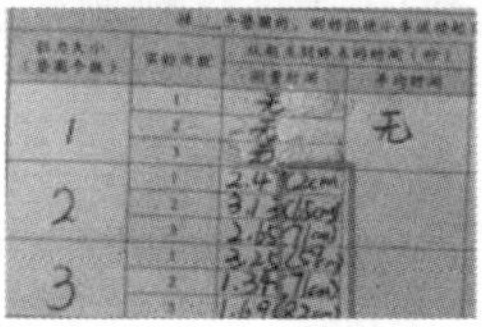	起点或终点发生改变，导致总距离发生变化

表 2　学生常见的外力影响分析表

实验现象	外力影响分析
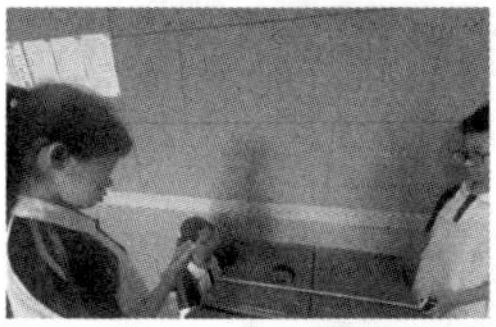	1. 学生为使小车刹车用手挡住，压住棉线； 2. 棉线与桌面产生的摩擦力影响实验效果

续表

实验现象	外力影响分析
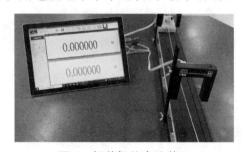	1.桌面不光滑导致小车中途停止； 2.桌面的杂物（如文具盒、课本等）阻碍小车前进，使无效实验次数增加

教师：在科学实验的过程中误差是不可避免的，但也不是完全没有办法，我们可以努力完善实验设计来减小实验误差。针对这些问题，你觉得可以怎样改进呢？

学生：确定起点和终点，使用秒表再认真些，注意操作规范。

教师：这样小车运动的距离就固定了，你的想法很好。

【新仪器介绍】

教师：对于计时不准的问题，我们可以采用光电门传感器来解决。当物体通过光电门时光被挡住，计时器开始计时；当物体离开时停止计时，物体通过光电门的时间会被反映在电脑上。

【资源包展示】

教师：老师给大家提供了资源包，你们能利用这些材料组装出新的实验装置并完成实验探究吗？

学生：我们准备将小车固定在轨道上，使用光电门传感器测量时间，使用垫圈拉动小车，用电脑记录小车运动的时间（见图6）。

图6　组装好的实验装置

教师：如果我们觉得进行两次测量还不足以减少实验误差的话，可以怎么做？

学生：还可以多次测量。

教师：实验数据应该如何处理呢？

学生：通过计算平均数来减小误差。

教师：接下来开始实验探究（见图7），并填写好实验记录单。

图 7　利用光电门传感器进行实验

（三）实验操作

教师：通过刚刚的实验，你们得出实验结论了吗？你们是怎么得出的？

学生：我们在实验过程中通过改变垫圈的数量进行探究并记录（见图8），测量了两次，得到的实验结论是垫圈越多，提供的拉力越大，小车行驶的速度越快。

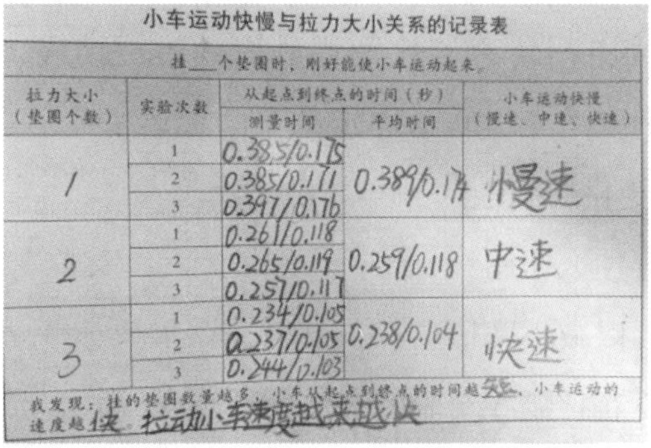

图 8　学生的实验记录单

教师：在这么短时间内可以得出多组数据，这就是技术带给我们的便利。

【屏幕展示】

教师：（将数据填入 Excel 表格）我们将大家获得的实验数据填入数据分析表格，可以很快得到一个速度变化图（见图 9），通过分析这张图我们可以得出什么信息？

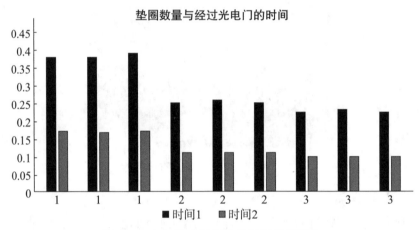

图 9　光电门传感器得出的时间数据图表

学生：拉力越大，小车行驶的速度越快。

教师：没错，图表法也能帮助我们展示数据，分析数据。

（四）分享交流

教师：实验不准确的问题解决了吗？分别是怎么解决的？

学生：使用光电门传感器比使用秒表计时更精确，解决了计时不准的问题。用带有刻度的光滑轨道固定小车的距离（确定了小车的起点和终点），解决了距离变化的问题。

教师：滑轮有什么作用？

学生：滑轮可以减小摩擦。

教师：你还收获了哪些实验的方法与技巧？

学生：多次测量求平均值能减小实验误差，可以用图表法来分析实验数据。

【课堂小结】

教师：今天我们使用新的实验探究方法得到了拉力大小和小车运动快慢的关系。在科学上解决问题的方法不止一种，我们每一位同学都可以用自己的方式来解决问题，但是一定要严谨、准确、客观。今天大家都做得很好，相信只要你们坚持严谨认真的科学精神，也一定能够像科学家那样思考、实践！

专家点评

本实验教学的创新之处在于采用红外线感应装置来提高学生实验操作的便捷性和数据记录的准确性。教师通过对实验装置的改进最大限度地排除了人为因素的干扰，为学生实验降低了操作失误的概率，解决了实验数据误差大的问题，有利于学生进行数据的收集和对实验结果的分析，提高了科学学习的严谨性。该案例中，教师以"任务驱动"创设学习情境，较好地激发了学生探究实验的兴趣，启发学生思考并解决问题，教学设计具有一定探究性，能体现以学生为主体的新课程教学理念。

但实验改进的成本较高，这是数字化实验赋能实验教学改革时需要引起注意的普遍问题。小学生参与的科学实验应以结构简单、操作简便为主，突出探究的体验性和对思考的启发性。该教师在组织学生第一次实验后对探究过程的分析比较有价值，但改进的方向介入了较多的主观因素。基于小学生的年龄特点，探究实验的过程不适合完全用仪器设备代替学生的感官感知体验。探究过程包括实验设计的科学性、操作方法的规范性、对实验结果记录的严谨性、学习过程的合作性等，融合了科学学习的诸多能力与素养，这些只有学生亲历实践、积极体验才能获得。

《滑梯与摩擦力》实验教学创新案例

河南省实验小学　王砾璐

一　实验教学背景

（一）教材与课标解读

本实验是针对大象版《义务教育教科书　科学》四年级下册第五单元第 3 课设计的。根据《义务教育科学课程标准（2022 年版）》进行分析，本课的课程内容指向"物质的运动与相互作用"这一核心概念，涉及"力是改变物体运动状态的原因"这一学习内容。本课实验内容对应新课标"学生必做探究实践活动"中的"观察生产生活中的摩擦力现象"实验活动。

（二）教材实验分析

教材实验通过给出概念的方式，让学生了解什么是摩擦力，学生容易出现认知困难——"阻碍"不直观，不好理解其过程。教材的实验方案是让学生用手拉动绳子，实际操作时，学生直接用手拉动测力计，带动物体，进行读数。但学生很容易拉不直、拉不稳，不能保证均匀稳定地拉动，导致测力计的指针晃动，读数可能会有误差。

二　实验教学目标

科学观念：通过实验模拟、问题探讨、体验探究等方式，逐步认识摩擦力及影响摩擦力大小的因素。

科学思维：知道在研究多因素问题中利用控制变量法设计实验。

探究实践：能基于已有知识和经验设计实验，探究影响摩擦力大小的因素。

态度责任：逐步树立敢于质疑、尊重证据、严谨求实的科学态度。

 实验改进创新

（一）实验教学内容

通过体验探究、分组实验等活动，了解摩擦力的初步概念和影响摩擦力大小的因素。通过了解生活中的摩擦力，认识到摩擦力在生活中的两面性，需要根据实际情况来分析考虑。

1. 实验一：模拟实验（演示实验）。

实验目的：了解摩擦力产生的条件和原因。

实验内容：

（1）用两把刷子上的刷毛凸起模拟物体表面被放大后的样子，用一把刷子在另一把刷子上移动模拟一个物体在另一个物体上滑动。

（2）观察刷毛的变化，认识摩擦力是相互接触的物体之间产生的一种力，物体表面凹凸不平是摩擦力产生的原因。

2. 实验二：不同鞋底的摩擦力大小随机测量实验（析因实验）。

实验目的：通过对实验结论的质疑与讨论，认识多因素问题中控制变量法的必要性。

实验内容：

（1）将学生的鞋底投屏。

（2）随机选取两名鞋底磨损程度不同的被试，用握力计分别测量拉动被试滑行时所需的拉力大小；拉力越大，表明被试所受的摩擦力越大。

（3）初步得出结论：鞋底越滑，摩擦力越小。

（4）对于实验的不同观点进行争论辨析，自主探讨用控制变量法设计实验。

3. 实验三：探究摩擦力大小与哪些因素有关（分组实验）。

实验目的：学会运用控制变量法设计实验。

实验内容：

（1）学生运用控制变量法，思考如何通过拖拽电子白板模块控制实验条件。

（2）学生拖拽电子白板的实验器材，设计实验方案。

（3）师生共同总结实验要点。

（4）分组实验，如实记录数据。

（5）计算平均值，分析数据，得出实验结论。

（二）实验器材

1. 体验探究环节。

刷子（见图1）、鞋子（学生课上所穿，见图2）、握力计（见图3）。

图1　刷子　　　　　　　图2　鞋子　　　　　图3　握力计

2. 分组实验环节。

（1）实验一：木板、木块、砂纸、测力计、调速马达、电池盒、电池等组合后的实验装置（见图4）、实验记录单1（见表1）。

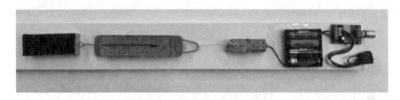

图4　组合后的实验装置

表 1　实验记录单 1

接触面	实验次数	测力计的读数（N）
木块面	第 1 次	
	第 2 次	
	第 3 次	
	最终结果（取平均值，保留 2 位小数）	
砂纸面	第 1 次	
	第 2 次	
	第 3 次	
	最终结果（取平均值，保留 2 位小数）	

（2）实验二：木板、木块、砂纸、钩码、测力计、调速马达、电池盒、电池等组合后的实验装置（见图 5）、实验记录单 2（见表 2）。

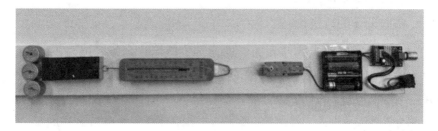

图 5　组合后的实验装置

表 2　实验记录单 2

物体的质量	实验次数	测力计的读数（N）
木块 +（　）克钩码	第 1 次	
	第 2 次	
	第 3 次	
	最终结果（取平均值，保留 2 位小数）	

续表

物体的质量	实验次数	测力计的读数（N）
木块 + （　　） 克钩码	第 1 次	
	第 2 次	
	第 3 次	
	最终结果（取平均值，保留 2 位小数）	

（三）实验设计思路

实验设计遵循"以教师为主导，学生为主体，探究为主线"的原则，采用创设情境法、观察法、体验法、启发互动法、小组合作讨论法、分组实验法、多媒体辅助法等教学方法，通过一系列探究体验活动，展开实验教学，让学生体验科学的乐趣和自主建构科学概念的过程，以提升科学探究能力，发展学生的科学核心素养。

（四）实验创新要点

1. 实验设计的改进创新。

（1）模拟实验放大物体表面，助力学生认识什么是摩擦力。

用两把刷子模拟看起来光滑的物体表面，通过放大效果，让学生直观地看到刷毛向反方向偏折的效果，了解摩擦力产生的原因，认识到摩擦力是一种阻力。

（2）重视课堂争议、实验结果差异，以此证明控制变量的必要性。

教材原设计通过实验后的反思，总结控制变量法的适用条件。改进后以"失败"的实验为研讨对象，鼓励学生对实验数据和结果大胆质疑，充分发挥学生主体性，引导学生自主发现控制变量法的适用条件。

2. 实验装置的改进创新。

使用调速马达拉动木块，能够做到均匀稳定地拉动木块，并且保证测力计指针不晃动，方便学生读数，减小实验误差。

3. 教学手段的改进创新。

（1）使用电子握力计测摩擦力，数据获取更便捷。

电子握力计是一种常见的测试仪，在本实验中将握力计加以改进，用电子握力计测量粗糙程度不同的鞋底与地面产生的摩擦力，分别获得数据后，进行比较分析，初步得出结论，并探讨质疑（见图6）。

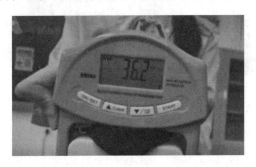

图6　电子握力计

（2）智能设备与电子白板相结合。

①拍照上传，实时摄像。

用握力计测摩擦力时，借助电子白板拍照即时上传呈现不同鞋底的花纹；实时录影摄像功能使全体学生都能清晰地看到实验活动过程，极大提升了教学效果（见图7、图8）。

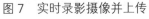

图7　实时录影摄像并上传　　　　图8　学生观看实验活动过程

②拖拽模块，放大缩小。

a. 学生拖拽条件模块对实验进行相同条件及不同条件的控制（见

图 9）。

b.学生放大、缩小电子白板上的实验器材，设计实验方案（见图 10）。

图 9　学生拖拽条件模块　　　　　　图 10　学生放大、缩小实验器材

③书写。

利用电子白板的书写功能，用不同颜色的笔触呈现不同小组的数据（见图 11），这样能够方便学生更好地对数据进行分析整合，得出结论。

图 11　学生在电子白板上书写实验数据

四　实验教学过程

（一）模拟实验，引出课题

教师拉动刷子吸引学生的兴趣，用两把刷子上的刷毛凸起模拟物体表面被放大后的样子，用一把刷子在另一把刷子上移动模拟一个物体在另一个物体上滑动。学生观察刷毛的变化，认识摩擦力是相互接触的物体之间产生的一种力，物体表面凹凸不平是摩擦力产生的原因，引出课题"滑梯

与摩擦力"（见图12）。

图12 教师拉动刷子模拟实验

结合模拟实验，学生分享玩滑梯的经历，进一步认识摩擦力（见图13）。

图13 学生分享玩滑梯的经历

（二）初探摩擦力，学习控制变量法

1.移动鞋子，感受摩擦力。

学生前后移动鞋子，感受摩擦力，并思考不同鞋子在移动的时候产生的摩擦力是否不同。

2.用电子握力计测摩擦力。

使用电子握力计测量不同花纹的鞋底与地面产生的摩擦力，并记录数据，初步得出结论（见图14）。

图 14　用电子握力计测量不同花纹的鞋底与地面产生的摩擦力

3. 控制变量法。

通过进一步分析和观察，引导学生讨论辨析影响摩擦力大小的因素。自主建构控制变量法，并用此方法设置实验条件以保证实验的准确性。

（三）实验探究影响摩擦力大小的因素

1. 摩擦力的大小与接触面的种类是否有关?

实验材料：木板、木块、砂纸、测力计、调速马达、电池盒、电池、实验记录单。

实验条件见表 3。

表 3　实验条件

相同条件	不同条件
接触面面积	接触面的粗糙程度
物体质量	
物体材质	
拉力大小	

实验方法：使用调速马达均匀稳定地拉动测力计，测力计分别与木块面和砂纸面连接，各拉动三次，示数平稳后记录数据。

数据记录见表 4。

表 4　实验数据记录

接触面	实验次数	测力计的读数（N）
木块面	第 1 次	0.03
	第 2 次	0.03
	第 3 次	0.04
	最终结果（取平均值，保留 2 位小数）	0.03
砂纸面	第 1 次	0.05
	第 2 次	0.06
	第 3 次	0.06
	最终结果（取平均值，保留 2 位小数）	0.06

实验结论：在物体质量（压力）一定时，物体间接触面越粗糙，摩擦力越大；物体间接触面越光滑，摩擦力越小。

2. 摩擦力的大小与接触面压力是否有关？

实验材料：木板、木块、钩码、测力计、调速马达、电池盒、电池、实验记录单。

实验条件见表 5。

表 5　实验条件

相同条件	不同条件
物体材质	物体质量
拉力大小	
接触面面积	
接触面的粗糙程度	

实验方法：使用调速马达均匀稳定地拉动测力计，测力计分别与放置不同数量钩码的木块连接，各拉动三次，示数平稳后记录数据。

实验数据记录见表 6。

表 6　实验数据记录

物体的质量	实验次数	测力计的读数（N）
木块 +（50 g）钩码	第 1 次	0.49
	第 2 次	0.49
	第 3 次	0.49
	最终结果（取平均值，保留 2 位小数）	0.49
木块 +（100 g）钩码	第 1 次	0.58
	第 2 次	0.57
	第 3 次	0.59
	最终结果（取平均值，保留 2 位小数）	0.58

实验结论：

在接触面的粗糙程度一定时，物体越重，摩擦力越大；物体越轻，摩擦力越小。

（四）联系生活，拓展运用

联系生活实际，了解摩擦力在生活中的应用（见图 15）。

图 15　摩擦力在生活中的应用

专家点评

　　教育信息技术的应用有助于提高实验教学的效果，使学生更好地掌握科学知识和技能。本实验教学较好地体现了信息技术对实验教学的促进作用，教师综合运用多种现代化信息技术手段，改进实验教学。用电子握力计代替传统的弹簧测力计测量，并将所获得的数据进行比较分析，有助于提高实验数据的准确性和可靠性，帮助学生更好地理解与感受摩擦力。教师能较好地利用电子白板智能设备的多种功能，如拍照上传、实时摄像、模块拖拽、放大缩小等进行实验教学，这些功能激发了学生的学习兴趣，提高了课堂的活力和效率。

　　实验教学过程的设计突出了"以教师为主导，学生为主体，探究为主线"的教学理念。教师能够创设贴近学生生活的情境，采用启发式、参与式、讨论式等教学方法，引导学生自主建构控制变量法，探究影响摩擦力大小的因素。这种探究式教学方法有助于培养学生的科学探究能力和科学核心素养，较好地体现了新课程、新课标所提倡的教育教学理念。与此同时，实验过程中的学生很容易拉不直、拉不稳，不能保证均匀稳定地拉动，测力计的指针晃动等问题，也是学生需要练习、提高之处，我们要辩证地看待数字化、机械化装置的使用问题，它们虽然能够使实验结果更加准确，但不可完全代替学生的操作与感官体验。

《光是怎样传播的》实验教学创新案例

吉林省辽源市东丰县鹿乡学校 王帧斌

 实验教学背景

（一）教材与课标解读

本实验是针对教科版《义务教育教科书 科学》五年级上册第一单元第2课设计的。根据《义务教育科学课程标准（2022年版）》进行分析，本课的课程内容指向"物质的运动与相互作用"这一核心概念，涉及"声音与光的传播"这一学习内容。本实验内容对应新课标"学生必做探究实践活动"中的"探究光沿直线传播的现象"实验活动。

（二）教材实验分析

教材中的"光穿纸板"实验，明确要求需要熄灯、拉窗帘。实际教学中发现，该实验在没有遮光窗帘的普通教室中进行，效果欠佳。而且制作标准稍显模糊，学生准备的材料参差不齐，在课堂上需要花费不少时间去修正细节。

 实验教学目标

科学观念：知道光在空气中沿直线传播。

科学思维：针对具体问题提出假设，基于交流情境提出观点，建立证据与假设或观点之间的联系。

探究实践：运用分析、比较、推理、概括等方法得出科学探究的结论，判断结论与假设是否一致。

态度责任：乐于尝试运用多种思路和方法完成探究和实践，初步产生对创新的兴趣。

三 实验改进创新

（一）实验教学内容

本实验先让学生从经验的角度出发，推测光的传播特点，再通过创新实验"光穿小管"观察光行进的路线，并初步建立"光在空气中沿直线传播"这一科学观念。随后举一反三，利用激光笔和加湿器，让学生进一步加深对本课科学观念的认识。最后用废旧 PVC 扣板、40W 灯泡、纸杯等材料自制教具，让每个学生都能感受到神奇的"小孔成像"现象，让其根据本节课所学知识在课后思考其原因。

（二）实验原理

光在空气中沿直线传播。

（三）实验设计思路

《义务教育科学课程标准（2022 年版）》中的课程理念章节明确指出："倡导设计学生喜闻乐见的科学活动，创设愉快的教学氛围，保护学生的好奇心，激发学生学习科学的内在动机；突出学生的主体地位，利用学校、家庭、社区的各种资源，创设良好的学习情境，设计适宜的探究问题，引发学生认知冲突，激发积极思维。"因此，我从本课教材出发，尝试设计学生感兴趣的、可以在正常光照教室中进行的、省时高效的三个实验。

1.实验一：光穿小管。

本实验是基于旧版教材改良的，旧版教材实验采用的是铁质暖气管，材料难得，在新教材中被移除了。我改用了廉价易得的 3 分电料管（见图

1)，将弹簧弯管器穿入管中，通过摩擦生热将电料管改变成需要的形状。旧版教材中只有弯管（见图 2），学生只能通过眼睛直视，这里增加了直管，并改用纸屏承接（见图 3）。

图 1 电料管、弹簧弯管器

图 2 弯管实验　　　　　　　图 3 直管实验

2. 实验二："光剑"诞生（见图 4）。

本实验利用了丁达尔效应。学生在教师的指导下，使用红绿激光笔，照射加湿器的水汽，学生清晰地看到了笔直的光线，好似电影中的光剑一般，因此兴趣十足。

图 4 "光剑"诞生

3. 实验三：上下翻转（见图 5）。

本实验是小孔成像实验的升级版，传统的小孔成像实验必须在足够暗的环境下操作，而且受众群体有限，很难让全体学生同时看到现象。我在学生用眼安全与实验现象的基础上进行了多次尝试，最终选用 40W 灯泡，在 PVC 扣板上将灯泡布局成 "↑" 形。学生人手一个底部打孔的纸杯，杯口用橡皮筋固定保鲜袋做屏，不用熄灯、拉窗帘，全班学生都在屏上观察到了 "↑" 形的光在屏上变成了 "↓" 形，用时极短，现象明显。

图 5　上下翻转

（四）实验器材

1. 光穿小管：电料管、弹簧弯管器、手电筒、纸屏等。

2. "光剑" 诞生：红绿激光笔、加湿器等。

3. 上下翻转：PVC 扣板、灯泡、灯座、电线、插头、纸杯、橡皮筋、保鲜袋等。

四　实验教学过程

（一）情境引入，聚焦问题

1. 引入。

教师课前播放暖场音乐，屏幕上出现动态画面。正式上课时，拉上黑板遮住屏幕，问："黑板遮住屏幕，看不见电视画面，却还能够听到电视声音，这是为什么？"

2. 复习。

温故：声音是以波的形式向四面八方传播的。

3. 聚焦。

知新：那光又是怎样传播的呢？（板书课题）

（二）教师引导，学生探索

1. 启发。

教师：让我们一起欣赏光的世界，PPT上呈现彩虹、雷电、心电图、舞台灯柱等，引导学生大胆猜想光是怎样传播的。

启发学生结合经验大胆猜想，根据材料，结合教材共同设计。向学生强调强光勿射眼，眼勿对强光。

2. 实验。

分工合作，动手实验，教师巡视。

（三）填写记录，研讨交流

小组汇报，教师汇总，总结现象；

小组讨论，合作交流，得出结论；

材料不同，结论一致，万变不离其宗。

结论：光在空气中是沿直线传播的。

（四）丰富课堂，拓宽视野

1. 教师展示北美洲42种美丽的蝴蝶，希望学生展开想象的翅膀，思考还有哪些方法可以验证光在空气中是沿直线传播的。

2. 随机选人，展示"光剑"，加深印象。

3. 魔术环节，上下翻转，埋下科学探究的种子。

4. 引导学生回答课前提出的问题。

（五）学生畅谈收获。

在交流中结束本次实验。

专家点评

　　本实验说课中，教师对实验装置的设计与开发具有一定的创新性和实用推广价值。实验的改进设计思路既能着眼于细微之处，又有放眼于整个单元，从单元整体内容的角度进行思考，将多个实验巧妙地整合于一个教具之中，不仅方便师生操作使用，而且一物多用，能够节约实验材料的开发成本。实验材料的选择能充分考虑是否有利于学生的操作性和趣味性，并能满足学生探究方法多样性的需要，较好地解决了实际教学中的难点问题。

　　教师基于教材内容，围绕教学目标创编的教学活动，能够满足学生兴趣和能力发展的需要，做到了《义务教育科学课程标准（2022年版）》中课程理念所提倡的为学生设计"喜闻乐见的科学活动"和营造"愉快的教学氛围"。丰富多彩的探究活动，能够帮助学生在探究实践中实现做中学、学中思，促进学生对光的传播的科学概念的构建，进而不断提升科学探究能力。

《光与色彩》实验教学创新案例

福建省福州市仓山区第九中心小学　庄炎青

 实验教学背景

本实验是针对苏教版《义务教育教科书　科学》五年级上册第一单元设计的。本单元共四课，教材中的实验内容由八个活动组成：

1.通过实验，感知光在空气中的传播现象，知道光在空气中沿直线传播；

2.阅读资料，做小孔成像实验，进一步了解光沿直线传播；

3.利用镜子探究光的反射现象；

4.观察、比较不同材料表面的反光效果，知道光滑表面对光的反射效果更好；

5.制作潜望镜，体验人们是如何利用光的反射现象的；

6.阅读资料，知道人是如何看见物体的；

7.制造彩虹，阅读资料，知道太阳光是由多种不同颜色的光组成的；

8.做色光混合实验，体会光的色散现象及应用。

五年级学生对光的现象并不陌生，但对"怎样看见光，光是怎样行进的，光和色彩之间有什么关系"等问题缺乏可视化观察，导致对光的现象的认识难以上升到理性认识。本单元承接低年段《奇妙的光》单元，为学生学习"光与色彩"提供探究实践机会，有助于筑牢基础知识，发展科学思维。

　　根据《义务教育科学课程标准（2022 年版）》对本单元进行分析，如表 1 所示。

表 1　本单元对应的《义务教育科学课程标准（2022 年版）》的内容

核心概念	物质的运动与相互作用
学习内容	声音与光的传播
内容要求	1. 知道来自光源的光或者来自物体的反射光进入眼睛，能使人们看到光源或该物体。 2. 知道光在空气中沿直线传播。 3. 知道光遇到物体会发生反射现象，光的传播方向会发生改变。 4. 描述太阳光穿过三棱镜后形成的彩色光带，知道太阳光中包含不同颜色的光。
学段学业要求 （5～6 年级）	1. 能解释人眼看到光源和物体的原因；能举例说出光的反射现象，知道太阳光的色散现象。 2. 能分析光的行进路线及反射现象。 3. 能通过实验认识光在传播过程中会发生折射现象，能设计制作简单的光学物品。
教学策略建议	指导学生用观察和实验的方法认识波的产生及传播规律。1~6 年级，可结合日常生活经验，通过观察、实验活动，让学生认识光沿直线传播的特点，以及光的反射现象。

 实验教学目标

科学观念：

1. 知道光在空气中沿直线传播。

2. 知道光遇到物体会发生反射现象，光的传播方向会发生改变。

3. 知道太阳光中包含不同颜色的光。

科学思维：

1. 能分析光的行进路线及反射、折射现象。

2. 能获取光现象变化的证据信息，分析、推理形成有关光的正确观点。

3. 运用有关光现象的原理，列举、解释自然界及生活中的光现象事例。

探究实践：

1. 对有关光现象进行模拟实验探究。

2. 能设计制作简单的光学物品。

态度责任：

1. 乐于经历光现象的探究实践过程，发展探究光现象的兴趣。

2. 在尊重证据的前提下，形成有关光的正确观点。

三 实验改进创新

大单元教学能有效促进学生核心素养的发展。本单元实验设计创新分析如下。

（一）贯通教材，重组单元实验教学内容

根据新课标、教材、学情分析，依据单元教学目标，设计单元教学大任务——"探秘光的传播与彩虹的出现"，结合大情境——"三组刷爆朋友圈的'福州名片'"，整合《光与色彩》单元课程内容，设计三个具体任务、九个分层探究活动（见图1），并提炼主干问题，形成问题链（见图2）。

单元实验教学架构

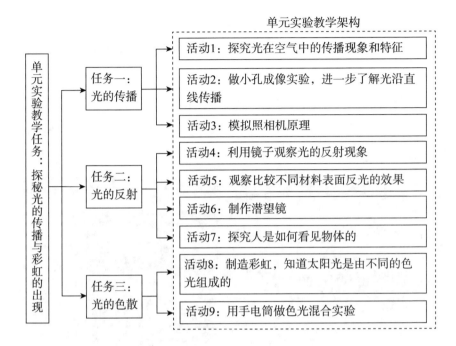

图1 《光与色彩》单元实验教学活动架构

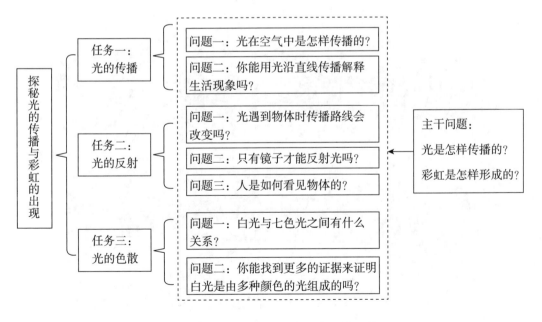

图2 《光与色彩》单元实验教学问题链

（二）探究光现象组合箱的装置结构

创新制作"探究光现象组合箱"，搭建可视化支架，重组实验内容，实现"整体大于部分之和"。

自行设计制作探究光现象组合箱，利用激光切割机切割，成本共计80元左右。该组合箱由箱子主体部分、配套组合板（见图3）、配套辅助材料三部分构成（见图4）。

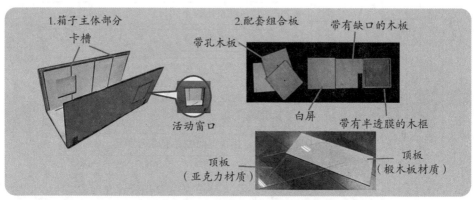

图3　探究光现象组合箱的主体部分与配套组合板

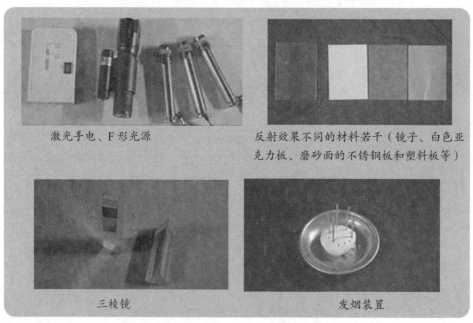

图4　探究光现象组合箱的配套辅助材料

四　实验教学过程

　　根据大单元教学架构分析并结合探究光现象组合箱，本单元实验教学过程梳理如下。

　　（一）任务一：光的传播

　　1. 出示"福州名片1——闽江灯光秀"。

　　2. 师生交流：光源发出来的光是怎样进入我们的眼睛？光的传播过程到底是怎样的？

　　3. 结合实验记录单，学生画出灯光的传播过程，进行概念前测，并再次质疑：光能绕过障碍物直接照到被遮挡的区域吗？引导学生运用探究光现象组合箱自主探究，并迁移应用，完成三个分层活动（见图5、图6、图7）。

直接观察　　　　　　　逆向观察　　　　　　　间接观察

图5　光沿直线传播（分层活动，思维进阶）

图6　小孔成像（拓展应用）　　　图7　"照相机"（拓展应用）

　　（二）任务二：光的反射

　　1. 出示"福州名片2——三坊七巷日景图"。

　　2. 师生交流：福州名片本身不发光，那我们是怎样看见这些"名片"

的? 是光照亮了它们, 那光的传播过程又是怎样的? 学生猜测: 光照到三坊七巷的建筑物, 光线进入眼睛, 我们看到了名片。

3. 以"光遇到物体时传播路线会改变吗?"为问题驱动, 学生运用探究光现象组合箱进行探究。先用镜子观察光的反射现象, 并完成实验记录单, 学生基于现象再次质疑: 除了镜子外, 其他物体能反光吗? 启发学生利用探究光现象组合箱比较不同材料表面的反光效果, 并适时拓展应用(见图8、图9、图10、图11)。

 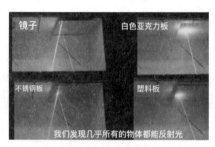

图 8　光的反射(光路可视)　　图 9　不同材料表面的反光效果(对比探究)

图 10　"潜望镜"(拓展应用)　　图 11　人是怎么看到物体的(拓展应用)

(三)任务三: 光的色散

1. 出示"福州双彩虹"。

2. 师生交流: 为什么彩虹总在雨后天晴时出现? 我们能自己制造彩虹吗?

3. 学生运用探究光现象组合箱制造彩虹, 进而产生疑问: 白光与七色光之间有什么关系吗? 能寻找更多的证据来证明白光是由多种颜色的光组成的吗?

（见图 12）

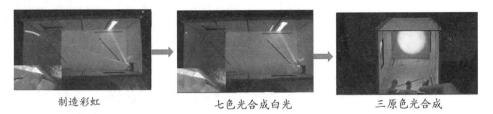

制造彩虹　　　　　　　　七色光合成白光　　　　　　　三原色光合成

图 12　光的色散与合成（像牛顿一样探究，将科学史融入教学）

专家点评

　　本实验教学的创新点在于教师能从单元视角对实验装置进行系统化、结构化的设计，体现了新课程提倡大单元教学的设计思路。光学实验组合箱的设计独具匠心，具有创新性，体现了科学教师的创造性劳动和丰富教学经验中迸发的教育智慧。此实验装置可满足本单元所有的光实验现象的需求，集光学"暗室""烟雾室"、光直线传播实验、反光实验、三棱镜色散实验、小孔成像、照相机、潜望镜等多种实验于一身，且实验的效果明显。教师可以借助这套实验装置让学生体验由光的"传播"到"反射"，再到"色散"的一系列实验，帮助学生建立起"光的传播"与"光的现象"之间的因果关联。

　　实验与实验教学共同服务于学生的学习。本案例教师在说课的过程中侧重展示了实验装置的结构性、功能性和实验的效果，但弱化了实验教学中应用的介绍。因为本实验装置中，教师的结构性设计较强，所以可能会导致学生在操作过程中探究的"自由度"降低，那么如何充分发挥这套光学实验组合箱在实验教学中的探究性作用，支持学生自主探究而不是按图索骥等问题，同样是值得教师认真思考的。

《能量从哪里来》实验教学创新案例

云南省昆明市盘龙区盘龙小学 吕冬梅

 实验教学背景

　　本实验是针对教科版《义务教育教科书 科学》六年级上册第四单元第7课设计的。根据《义务教育科学课程标准（2022年版）》进行分析，本课的课程内容指向"能的转化与能量守恒"这一核心概念，涉及"能的形式、转移与转化"这一学习内容，学业要求为"知道自然界中存在多种形式的能，……不同形式的能可以相互转化"。本课的学习，可以帮助学生理解"物质与能量"这一跨学科概念。本课实验内容对应新课标"学生必做探究实践活动"中的"观察生活中能的各种形式及相互转化"实验活动。

　　六年级学生已经认识到能量具有多种表现形式，了解电能可以转化为机械能等其他形式的能量，还知道了能量可以从一个物体转移到另一个物体。本课要突破的重点是了解动能可以转化为电能，理解能量之间的相互转化。六年级学生处于具体运算阶段到形式运算阶段的过渡期，已初步具备抽象逻辑思维，但还是以具体的形象思维为主。能量是看不见的，对于抽象的能量转化，学生需要在亲身观察和体验的过程中理解。

 实验教学目标

　　科学观念： 知道电能是由其他形式的能量转换来的，初步形成能量有多种形式且能量相互转化的科学观念。

　　科学思维：通过实验现象推理和分析电能可以由其他形式的能量转化而来。

　　探究实践：能够经历电动机发电过程，认识电能的来源。

　　态度责任：乐于探索生活中各种能量之间的相互转化关系；能够以事实为依据做出相应的判断。

三　实验改进创新

　　（一）实验教学内容

　　实验一：让小电动机转动起来。

　　实验二：利用小电动机发电点亮发光二极管。

　　实验三：体验风力、水力发电。

　　实验四：拓展探究能量的传递。

　　（二）实验原理

　　电能可以转化为动能，动能也可以转化为电能。

　　（三）实验器材

　　主要材料：发光二极管 1 个、电压表 1 个、滑动变阻器、发电电动机（既可以做发电机又可以做电动机）2 个、风扇叶 1 个、水轮 1 个、电池 4 节、电池盒 1 个、导线 4 根、橡皮筋 1 根、滑轮。

　　辅助材料：电风扇、塑料冲洗瓶、透明塑料片、水。

　　（四）实验设计思路

　　本实验改进装置主要分为四个部分：

　　1. 用 1 个电动机进行探究，呈现小电动机通电转动和小电动机转动发电的过程，让电能和动能实现相互转化一体化，从而进一步建构"能量相互转化"的概念。

2. 增加风力发电和水力发电探究实验，让学生进一步体验不同形式的能量转化为电能的过程，拓展思维，激发学生兴趣。

3. 利用滑轮和橡皮筋传动，让 1 号电动机带动 2 号电动机转动，实现动能的传递，为学习太阳能在地球上的传递奠定基础。

4. 调节滑动变阻器改变电路 1 中电能的大小，从而控制 2 号小电动机转动的快慢，在观察发光二极管和电压表的变化中渗透能量守恒这一概念。

（五）实验改进要点

1. 将小灯泡换成灵敏度高的发光二极管，小电动机转动时能够点亮发光二极管。

2. 增加风扇叶和水轮，模拟风力发电和水力发电的过程。

3. 自制"机械能和电能相互转化装置"，同时呈现出电能和动能相互转化的过程，让学生更加直观地感受能量之间的相互转化。

4. 利用定滑轮与橡皮筋传递的动能，使 1 号小电动机转动带动 2 号小电动机快速转动发电点亮发光二极管；利用滑动变阻器改变 1 号小电动机转动的快慢，改变产生电能的大小。

四 实验教学过程

（一）创设情境，提出问题

实验一：让小电动机转动起来

1. 出示实验装置第一部分，学生体验小电动机工作的过程（见图 1），回顾电动机的工作原理。

图1 小电动机转动起来

2.提问：很多家用电器工作都需要电能，那电能从哪里来呢？引发学生关注和思考，聚焦主题。

（二）联系旧知，做出假设

学生在已有认知基础上联系实际进行推测：动能也可以转化为电能，小电动机转动可以发电。

（三）自主探究，搜集证据

实验二：利用小电动机发电

1.小组思考讨论：

（1）怎样使小电动机转动起来点亮发光二极管？

（2）如何知道是否产生了电？

2.出示改进后的实验装置，引导学生尝试用手转动小电动机，观察发光二极管的变化（见图2）。

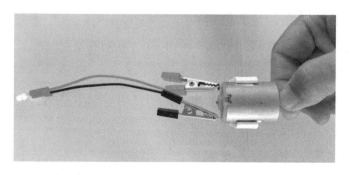

图2 用手转动小电动机轴点亮发光二极管

3. 发光二极管亮了说明什么？引导学生得出动能可以转化为电能的结论。

实验三：体验风力、水力发电过程

1. 要产生稳定的电能，需要让小电动机持续转动。那么发电站是用什么力量推动小电动机持续转动的呢？

学生根据日常生活经验做出假设，可以用风力、水力等使小电动机转动。

2. 分组体验风力、水力发电（见图3、图4）。

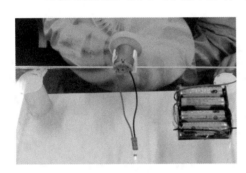 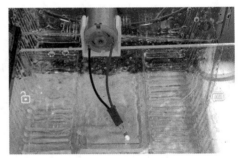

图3 模拟风力发电　　　　　　　　图4 模拟水力发电

3. 其中的能量转化是怎样的呢？引导学生总结说出：风能、水能可以转化为动能，动能再转化为电能。

4. 自然界中还有哪些能量可以转化为电能呢？引导学生提出更多形式的能量转化为电能的例子。

（四）总结反思，建构概念

1. 通过探究，你发现了什么？学生根据实验现象总结回答：小电动机转动起来发电就变成了发电机。

2. 现在你能说出电能是从哪里来的吗？引导学生总结：电能是由其他形式的能量转化来的。

（五）拓展延伸，深入探究

1. 提问：不同形式的能量可以相互转化，那能量可以在不同物体之间进行传递吗?

2. 出示机械能和电能相互转化装置,教师操作演示。

3. 引导学生说出其中能量发生的变化:1 号电动机转动的动能转移到 2 号电动机(见图 5)。

图 5　能量的传递

4. 提问:如果改变小电动机转动的速度,产生的电能会发生改变吗? 接着,介绍调节滑动变阻器可以改变 1 号电动机转动的速度。

5. 引导学生尝试利用实验装置探究能量守恒(见图 6、图 7)。

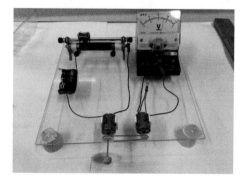

图 6　电动机转动较快　　　　　图 7　电动机转动较慢

专家点评

　　本实验教学中，教师对实验用品的优选和改进有一定的推广性。筛选适合型号的电动机、利用发光二极管代替电阻较大的小灯泡，让实验现象更加明显，降低了学生操作的难度。实验的成功改进让教师的教学设计更具有开放性和探究性。本实验围绕核心概念，为电动机增加了风扇叶和水轮，从而模拟风力发电和水力发电，这样的探究活动有利于学生了解能量之间各种形式的互相转化，激发了学生对实验研究的兴趣。

　　根据《义务教育科学课程标准（2022年版）》对能量主题的内容要求与教学建议，小学阶段"知道动能、声能、光能、热能、电能、磁能等都是能的形式，了解这些能的相互转化现象"即可，所以本实验对于"能量守恒"的教学环节不必深入研究，实验装置中的电压表和滑动变阻器的结构不建议在小学阶段出现。本实验教学建议简化实验装置的结构，增加学生对风力发电、水力发电的体验与交流时间，让学生充分探究实践。

《热在金属中的传递》实验教学创新案例

湖南省长沙市天心区湘府英才小学 张芝杰

 实验教学背景

本实验是针对教科版《义务教育教科书 科学》五年级下册第四单元第4课《热在金属中的传递》进行设计的。其他版本的科学教材也有此实验内容。本实验采用探究式的教学方法，提出问题，学生根据已有经验进行猜想、设计并开展实验。学生用酒精灯分别给涂抹了湿水泥的铁棒一端、铁棒中间、铁铲任一位置、铁球等自制教具加热，分析实验现象，推理、总结出热在金属中通常是从温度高的部分传向温度低的部分。

二 实验教学目标

科学观念： 热通常是从温度高的物体传向温度低的物体；通过直接接触，将热从一个物体传递给另一个物体，或者从物体的一部分传递到另一部分的传热方式叫作热传导。

科学思维： 经历"点—线—面—体"的思维过程，观察热传导的过程和方向，分析总结得出热传导的特征。

探究实践： 尝试设计探究实验，发现热传导是热传递的一种方式。

态度责任： 提高学生研究热传导的兴趣，感受生活中处处有科学。

三　实验改进创新

（一）实验器材：酒精灯、火柴、铁架台、装有清水的喷壶、涂抹湿水泥的铁棒、铁铲和铁球等自制教具。

1. 材料易得，极具推广价值

实验的辅助材料水泥，比原实验中的蜡更有优势，如蜡在粘火柴棒时用量不好把握，蜡盘加热时有气味，不环保等。水泥随处可得，本实验具有推广价值。

2. 准备简单，能够反复使用

教师只需要在铁棒或铁铲上涂抹湿水泥，实验准备就基本完成了，比教材中原有的实验教具准备简单得多。而且一次实验后，只需要喷点水，教具就可以反复使用，非常方便、耐用。

3. 现象明显，提高实验效率

湿水泥是深灰色，干燥后是灰白色，加之金属受热快，所以只要稍微一加热，就可以快速看到水泥的变化，实验现象直观明显。

4. 思维创新，提升科学素养

本实验初看只是辅助材料和装置的改进，但带给学生和科学教师的是思维层面的创新，帮助我们在解决问题或解释现象时灵活运用求异、发散、变通等思维。

（二）实验设计思路：湿水泥是深灰色的，温度越高，水分蒸发越快，最先显露出灰白色。将湿水泥均匀地涂在铁棒、铁铲、铁球上，再给它们加热，通过观察水泥颜色变化就能推测出热在金属中的传递过程和方向。

四　实验教学过程

（一）初识热传导现象——在涂抹了湿水泥的铁棒一端加热

1.讨论：（教师出示铁棒）这是一根涂抹了湿水泥的铁棒，表面是深灰色的。如果在铁棒的一端加热，会发生什么现象呢？

学生可能回答：铁棒会变热，湿水泥会变干……

2.追问：是加热的一端会变热呢，还是整个铁棒都会变热？热是怎样沿着铁棒传递的？

3.分组实验：用酒精灯给涂抹了湿水泥的铁棒一端加热。为了防止烫伤，禁止触碰加热装置。

4.讨论：你看到了什么现象？

现象：被加热的一端首先变成灰白色，这种"灰白色"逐渐向相邻的部分延伸（见图1）。

图1　给涂抹了湿水泥的铁棒一端加热

5.分析交流并小结：被加热的一端温度较高，水分蒸发更快，最先变成灰白色；远离火焰的一端温度较低，"灰白色"逐渐向温度低的一端延伸，说明热正在传递。热沿着涂抹湿水泥的铁棒传递，从温度高的一端传向温度低的一端。

（二）再识热传导现象——在涂抹了湿水泥的铁棒中间加热

1.讲述：（边讲边操作）干燥的水泥是灰白色的，喷点水，又恢复成深灰色。

2.讨论：有同学提出，如果在铁棒的中间加热，热又怎样传递呢？

3.分组实验：用酒精灯给涂抹了湿水泥的铁棒中间加热。

4.讨论：你看到了什么现象？

现象：被火焰加热的铁棒中间首先变成灰白色，慢慢地向两端同时延伸（见图2）。

图2　给涂抹了湿水泥的铁棒中间加热

5.分析交流并小结：中间温度较高，最先变成灰白色，远离火焰的两端温度较低，"灰白色"逐渐向两端同时延伸，说明热正在传递。热可以沿着涂抹了湿水泥的铁棒传递，从温度高的部分传向温度低的部分。

（三）强化热传导现象——在涂有湿水泥的铁铲任一位置加热

1.讨论：（出示铁铲）这是一把涂有水泥的铁铲，喷湿以后是深灰色的。接下来可以怎样研究呢？如果从中间、一角或铁铲的某个部位加热，热是怎样沿着铁铲传递的呢？学生组内讨论并确定加热点，进行实验预测。

2.分组实验：用酒精灯给涂抹了湿水泥的铁铲的任一位置加热。

3.讨论：你看到了什么现象？

图3　给涂抹了湿水泥的铁铲中间加热　　　图4　给涂抹了湿水泥的铁铲一角加热

现象：如图3所示，给铁铲中间加热时，中间首先变成灰白色，然后逐渐呈圆形向四周同时延伸。如图4所示，给铁铲一角加热时，铁铲一角首先变成灰白色，然后逐渐呈扇形向铁铲的其他部位延伸。

4.分析交流并小结：热可以沿着涂有湿水泥的铁铲传递，也是从温度高的部分传向温度低的部分。

（四）提升热传导现象——加热涂抹了湿水泥的自制教具

1.拓展讨论：有同学进一步提出，在现实生活中，比如烤火炉、太阳，它们的热又是怎样传递的？教师出示铁球自制装置，借助它，怎样设计实验可以帮助我们理解自然界中物质的热传递呢？学生们想到从铁球中间开始加热进行研究。

2.分组实验：用酒精灯给涂抹了湿水泥的自制教具加热。

3.讨论：你看到了什么现象？

图5　给涂抹了湿水泥的自制教具加热

现象：如图 5 所示，铁球表面首先变成灰白色，然后"灰白色"逐渐向铁球上的铁棒延伸。

4. 分析交流并小结：被火焰加热的铁球温度较高，先变成灰白色，铁棒温度较低，"灰白色"逐渐向各个方向的铁棒同时延伸，说明热从温度高的物体传向温度低的物体。同时，还可以发散思维推测，热不仅可以通过铁球向铁棒传递，还会通过其他途径（如空气）传递，仍然是从温度高的物体传向温度低的物体。此处还渗透了热对流、热辐射的知识。

5. 运用：举例说一说，生活中的热是怎样传递的。

6. 介绍：通过直接接触，将热从一个物体传递给另一个物体，或者从物体的一部分传递到另一部分的传热方式叫作热传导。热传递主要通过热传导、热对流、热辐射三种方式来实现。

7. 小结：自然界中，热源在传递热时，热传递的三种方式几乎是同时进行的，且都是从温度高的物体传向温度低的物体。

（五）总结

整节课采用探究式的教学方法，引导学生设计实验，从加热铁棒一端开始，到加热铁棒中间、铁铲的任一位置，直至铁球自制教具，学生通过"点—线—面—体"、由易到难、层层递进的思维过程观察热传导的过程和方向，符合学生的认知规律，有利于科学概念的建构。最后，学生们在熟悉的生活实例中，将课堂所学与日常生活紧密联系在一起，进一步感受到生活中处处有科学。

实验记录单如图 6 所示，板书设计见图 7。

"热传导"实验记录单

（用箭头标出热传递的过程和方向）

实验一：给涂抹了湿水泥的铁棒一端加热

实验二：给涂抹了湿水泥的铁棒中间加热

实验三：给涂抹了湿水泥的铁铲任一位置加热

实验预测：

实验现象：

结论：_____

图 6　实验教学中使用的实验记录单

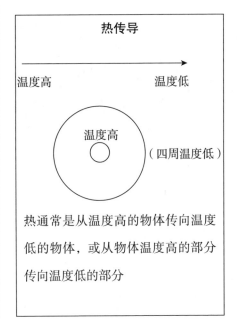

图 7　实验教学中的板书（动画式）

专家点评

　　热传导实验装置的改进是多年来的热点内容，同时实验装置以数字化温度传感器或化学感温涂料作为改进方向已屡见不鲜，实验的成本也随之增加。而教材中仍然沿用蜡块或是感温油墨，这样的实验材料优缺点也是显而易见的，效果明显、简单易得、价格低廉，但实验中不易固定、加热时有气味等问题一直未得到很好解决。本实验的亮点和创新点就在于教师创造性地找到了一种价格低廉、效果明显的替代品——水泥。水泥的干湿变化以及阻燃性等特点让它脱颖而出。

　　本实验教学采用了探究式的教学方法，符合新课程理念，教学过程凸显了探究实践。教师引导学生从四个小实验入手，由易到难、层层递进观察热传导的过程和方向，符合学生的认知规律，有利于科学概念的建构。本实验在实验用品的改进和实验教学方法的运用等方面具有典型性和推广价值。

《热在水中的传递》实验教学创新案例

湖北省武汉市光谷第二小学 黄顺

 实验教学背景

（一）教材与课标解读

本实验是针对教科版《义务教育教科书 科学》五年级下册第四单元第 5 课设计的，是学生在了解热在金属中的传递过程之后，继续探究认识热在水中的传递过程。根据《义务教育科学课程标准（2022 年版）》进行分析，本课内容指向"能的转化与能量守恒"这一核心概念，涉及"能的形式、转移与转化"这一学习内容。本课实验内容对应新课标"学生必做探究实践活动"中的"观察热对流现象，如水在回形管中的流动"实验活动。

（二）教材实验分析

教材中有两个实验：加热试管中的水和加热烧杯中的水，学生要通过观察实验现象得出热在水中以对流的方式传递、热量从高温流体传向低温流体的结论。通过课前测（见图 1）发现，学生认为热量在水中是从中心向四周扩散的。原实验能直观地纠正学生对热量传递方向的认识，但缺少对能量的具象表示，学生难以真实感受热量的传递。

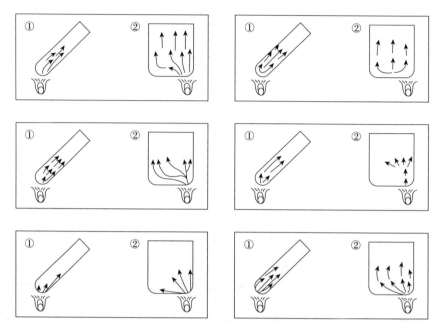

图 1　学生课前测

二　实验教学目标

科学观念：通过实际操作热对流实验，知道热在水中是以对流的方式传递的。

科学思维：运用分析、比较的方法，推理得出热在水中的传递方式。

探究实践：熟练操作热对流的实验，能运用图形表示自己的研究结果。

态度责任：能保持积极的观察探究热传递的兴趣。

三　实验改进创新

（一）实验教学内容

1.通过实验初步探究热在水中的传递。

2.通过实验深入探究热对流的本质。

（二）实验原理

热在水中是以对流的方式传递的，是从高温流体传向低温流体的。冷水受热后向上方流动，推动其他位置的冷水向加热点流动，水的各部分发生了相对运动，也就发生了热对流现象。

（三）实验器材（见图2）

双开口玻璃回形管（自制教具）、温度传感器、铁架台、水、高锰酸钾消毒片、酒精灯。

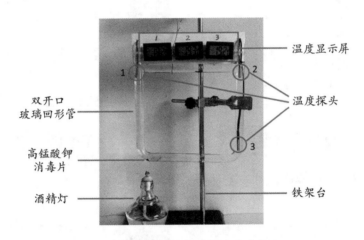

图2　热在水中的传递实验改进装置

（四）实验改进要点

1.高锰酸钾消毒片是片状固体，代替红墨水，学生操作更方便，能有效降低实验操作难度。

2.自制双开口玻璃回形管能够延长水流动的路程，同时高锰酸钾消毒片在水中扩散速度慢，能让实验现象更清晰。

3.在双开口玻璃回形管上安装温度传感器，利用温度数据具象化地表示能量传递。在实验中增加测温环节，引导学生从观察现象到采集数据，并用数据验证自己的猜想，从而更加全面认识热对流（见图3、图4）。

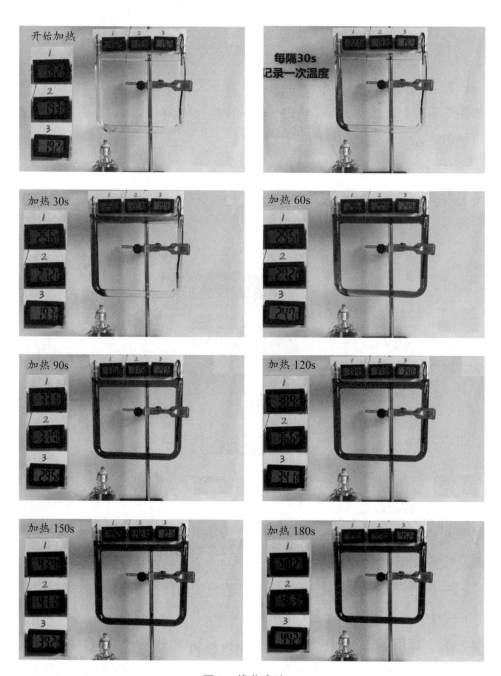

图 3　优化实验一

图4 优化实验二

四 实验教学过程

（一）情境导入，聚焦问题

播放"热水养鱼"视频，引发学生思考：小鱼为什么不怕热？热在水中是如何传递的？

（二）初步探究：热在水中的传递

1.学生预测热在水中的传递过程。

2.教师介绍实验装置，并演示实验操作。

3.强调实验注意事项（规范操作、安全使用酒精灯、避免烫伤）。

4.小组实验，验证猜想。观察加热后水的流动情况以及颜色变化，并记录温度数据，完成实验记录单（见图5）。

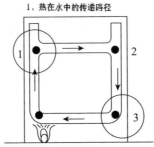

热在水中的传递实验记录单

第（一）小组   日期：2022年4月7日

1.热在水中的传递路径

2.温度变化记录表

温度　　时间 测温点	0s	30s	60s	90s	120s	150s	180s
1 号	19.2℃	25.6℃	29.5℃	33.1℃	38.9℃	43.4℃	48.2℃
2 号	19.3℃	21.2℃	27.2℃	31.7℃	36.6℃	41.1℃	46.3℃
3 号	19.2℃	19.3℃	24.7℃	29.5℃	34.1℃	39.2℃	44.2℃

我的发现：酒精灯加热后，紫色物质先向上，后向右，再向下，最后向左移动，形成环形运动。

1号测温点温度最高，2号次之，3号最低，并且随着加热时间的延长，三个测温点的温度都在上升。

图 5　实验记录单

5. 数据分析，汇报交流。将数据汇总绘制成折线图（见图 6），结合观察到的现象综合分析，得出热在水中的传递过程。

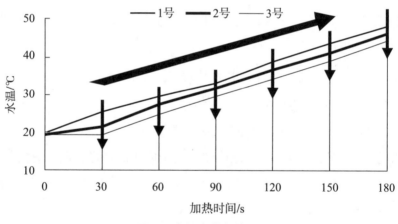

图 6　水温变化折线图

（三）深入探究：热对流的本质

1. 教师引导：冷水受热后向上方流动，那加热点上方的水温会如何变化呢？

2. 学生改动测温点位置（见图 7），再次实验并记录（见图 8）。

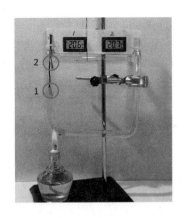

图 7 改变回形管中的测温点位置

温度　　时间 测温点	0s	30s	60s	90s	120s	150s	180s
1 号	20.6℃	26.6℃	30.0℃	34.3℃	39.0℃	44.1℃	47.9℃
2 号	20.7℃	30.2℃	34.5℃	38.6℃	42.4℃	46.1℃	49.8℃

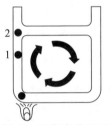

图 8 温度变化记录表

3. 学生交流，提出疑问：为什么离加热点更近的测温点水温更低？不应该更高吗？

4. 师生研讨。实验结果（见图 9）与常规认知发生冲突，引导学生学会分析数据以及推理论证，寻找证据，查明真相。

（四）总结应用

学生运用两个探究实验活动的结论揭示"热水养鱼"的奥秘。

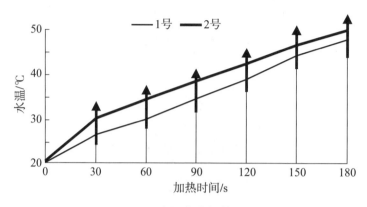

图 9 水温变化折线图

专家点评

教师在本课实验装置的改进中引用了数字化温度传感器，让实验过程更加显性化，实验结果更容易被观察、记录，数据的搜集统计更方便。实验教学中，教师较好地利用了温度传感器的灵敏性和准确性所测得的不同温差效果，引发了学生的认知矛盾，教学方法具有启发性，结合高锰酸钾消毒片在水中的实验现象突破了本课的教学难点。教师引导学生根据数据进行分析、推理论证，发展了学生的科学思维，培养了学生的证据意识。

数字化、信息化实验是实验教学的发展趋势，教师可以利用数字化实验工具突破教学重难点，提高实验教学的效率。但同时我们需要注意，不能仅仅满足于教师教的"顺利"，而应着重体现学生学的"过程"，充分体现实验教学的探究性。比如本课可以改变固定的实验材料与实验方法，在实验方案设计、实验方法与用品选择等方面增加学生学习的自主性和开放性。利用数字化实验使教学更科学、准确、便捷的同时，还要充分调动学生学习的积极性，变教师的讲授演示为指导组织，变学生的被动学习为主动探究，转变学生学习方式，促进学生深入学习、深入探究实践。

《胡萝卜与杠杆》实验教学创新案例

江苏省无锡市崇宁路实验小学　黄秋燕

 实验教学背景

（一）教材与课标解读

本实验是针对苏教版《义务教育教科书　科学》五年级下册第四单元第 1 课《撬重物的窍门》设计的。它是小学阶段学生学习力、力与运动等知识的进一步深化与拓展，也是本单元继续学习轮轴、滑轮、斜面课程的基础。基于《义务教育科学课程标准（2022 年版）》中"技术、工程与社会"的高年段要求，本课程对学生学习力学相关内容，了解、感受技术发展对社会和生活的影响有着深刻的意义。本实验内容对应新课标"学生必做探究实践活动"中的"观察杠杆在生产生活中的应用，如撬棍、跷跷板等"实验活动。

学情一：触动点　找寻学生已有基础

学生已经掌握一些简单的力学基础知识，并学习使用过一些简单工具。学生在学习二年级上册《用力以后》单元时接触了推力和拉力，知道了力可以使物体的形状发生改变，力可以使物体启动和停止；在学习二年级下册《打开工具箱》单元时接触并使用了简单的工具，如羊角锤、老虎钳等；在学习四年级上册《常见的力》单元时认识并研究了直接施加在物体上的力，如弹力、摩擦力、浮力等，也学习了测力计的使用。

学情二：迷思点　直击学生错误认知

在生活中，机械无处不在，但很多人对此都只是有一个省力的印象，缺乏理性的观察和思考。而现在的学生又比较缺乏生活经验，很少真正使用过杠杆撬过重物。感性经验最丰富的活动是玩跷跷板，接触最多的则是苏教版一年级数学教材中用天平比较物体轻重的练习题，还有一些课间自发的平衡小游戏，如学生之间比拼如何用指尖平衡尺子、笔等小物品。类似的活动给学生带来了"物体的中间位置就是支点""平衡就是要让两边一样重"的错误前概念。零散的感性经验和错误的前概念，导致学生无法正确找到杠杆支点。当课堂导入使用撬棒撬起重物的情境时，因其在使用时有两种撬法，所对应的支点又完全不同，导致很多学生无法准确找到对应的支点。如果以羊角锤作为课堂导入，不少学生会认为钉子就是支点，因为羊角锤工作时，不动的点就是钉子。另外，学生也很难确定手对羊角锤用力的方向。因此在学生充满迷思概念的时候给予复杂案例的学习，无法给学生正确、有效的指引，容易导致他们得到错误的结论。

学情三：盲点　聚焦深度学习困难

五年级学生处于思维活跃、求知欲强但抽象思维发展不够成熟的阶段，他们虽然已经建构了力的概念，初步形成"看见物体的运动变化会想到力"这样的思维模式，但是容易把物体本身的运动方向混淆成力的方向，因此无法在头脑中想象、构建杠杆的工作过程，更加无法有效地将生活中的机械转化为杠杆模型。原教材单一的探究环境无法使学生将实验与生活实际进行对应，而教材第三部分给出的生活中各种杠杆的实例，又直接跨越了学生所熟悉的理想模型，没有从学生已建构的认知出发。不少学生云里雾里，仅凭自身用力大小的模糊想象来判断省力杠杆和费力杠杆，如筷子、镊子、扫把等都成为学生难以突破的盲点。

在课程设计之初，对四年级的学生和已经学习完杠杆课程的五年级学生分别进行了学情调查（见图1、图2），未学习杠杆课程的四年级学生中有 75% 认为胡萝卜两边一样重，已学习完杠杆课程的五年级学生中则有 85% 认为胡萝卜两边一样重。以上调查在充分暴露学生认知情况的同时，也暴露出目前的课程设计并没有真正让已经学过杠杆原理的学生在课后继续用杠杆模型的眼光看待生活中的具体事物。因此选择胡萝卜作为本次实验的导入，是从生活转向课堂、再由课堂回归生活的积极尝试。

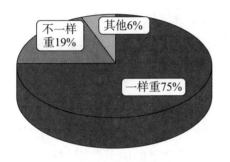

图 1　四年级学生学情统计　　　图 2　五年级学生学情统计

（二）教材实验分析

从教材实验设计以及学生活动手册实验记录进行分析。

优点有以下三点。

1.经典传统：探究杠杆平衡条件的实验，是小学阶段科学课程中的一个传统实验，各版教科书已经沿袭多年，因此中小学实验室常备有常规平衡尺和钩码，其结构简单，组装灵活，非常便于师生开展实验。

2.标准定量：平衡尺上的刻度以及标准化的钩码克重，便于学生进行实验观察和结果的定量分析。

3.简单方便：按照教材设计的既定实验步骤，实验过程操作方便，实验成功率高。

不足有以下三点。

1.局限性：以偏概全，容易造成误解。

该实验使用的平衡尺是标准的直臂结构，实验探究仅限于水平平衡位置，同时所悬挂钩码的作用力又均为竖直方向，在这种特殊的、理想化的情形下，力臂恰巧与支点到力的作用点的距离重合，以偏概全的体验容易让学生产生误解，这种错误的意识表象不利于学生进入初高中后进一步学习力臂概念。

2. 菜谱式：机械流程，缺乏思维碰撞。

菜谱式的实验设计流程，没有与学生原有的知识结构发生思维的碰撞与联系，学生在实验过程中缺乏挑战，只是机械地、想当然地改变钩码的位置或数量，没有深度的思维参与，也无法体验更多发现的惊奇与乐趣。

3. 单一性：标准器材，难以学以致用。

单一的、标准化的实验器材很难达成教材学以致用的编写初衷，作为本节课的重点实验活动，与教材第一部分观察两种抬起重物的方法以及第三部分观察生活中各种杠杆类工具，有一定的脱节，难以起到承上启下的作用，对于学生来说也很难借此进行思维跳跃，与生活实际产生进一步的联系。

二　实验教学目标

科学观念：知道杠杆的结构，能够准确找出杠杆的支点。

科学思维：具有建构杠杆模型的意识和能力，能将杠杆平衡的原理与生活实际建立对应关系，以此解释、解决生活中遇到的实际问题。

探究实践：能够针对问题设计实验，结合不同类型的杠杆实验装置有计划地进行探究活动以获取证据，进而得出结论，归纳出杠杆的平衡条件。

态度责任：认识到杠杆是一种简单机械，并乐于在周围生活中发现和分析各种杠杆，具有利用杠杆方便生产生活的意识。

三 实验改进创新

（一）实验教学内容

分析原教材实验教学后测情况，发现学生对杠杆平衡原理的理解比较片面，所以在原有教材实验基础上，进行了改进、创新，设计并制作了一套系列探究器材，帮助学生分三个层级进行实验研究，引导学生有效、全面地建构杠杆平衡这一科学概念。同时，通过这样的实验教学改进、创新，也为学生升入初高中以后更好地研究力臂、力矩等相关知识奠定科学、准确的认知基础，将学习进阶这一教学观点落在了实处（见图3）。

图 3　进阶学习

第一层级：认识。帮助学生借助有趣的胡萝卜材料准确认识杠杆及其结构，尤其是支点位置的确认，在趣味体验中建立杠杆概念。

第二层级：探究。帮助学生用宽尺形杠杆进一步探究杠杆平衡的原因，在自主实验中深度思维。

第三层级：迁移。帮助学生用圆盘形杠杆进行迁移和拓展，结合变形器材发散学生思维，为后续学习轮轴和滑轮做铺垫。

（二）实验原理

1.杠杆定义：在力的作用下能绕着固定点转动的硬棒。杠杆可以是任意形状的硬棒。

2. 杠杆五要素（见图 4）。

（1）支点：杠杆绕着转动的点，通常用字母 O 表示。

（2）动力：使杠杆转动的力，通常用 F_1 表示。

（3）阻力：阻碍杠杆转动的力，通常用 F_2 表示。

（4）动力臂：从支点到动力作用线的距离，通常用 L_1 表示。

（5）阻力臂：从支点到阻力作用线的距离，通常用 L_2 表示。

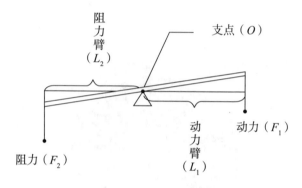

图 4　杠杆五要素

杠杆原理也被称为"杠杆平衡条件"，要使杠杆平衡，作用在杠杆上的两个力矩大小必须相等。力矩即力与力臂的乘积，可表示为动力 × 动力臂 = 阻力 × 阻力臂（$F_1 \cdot L_1 = F_2 \cdot L_2$）。基于此，要使杠杆达到平衡，动力臂是阻力臂的几倍，阻力就应该是动力的几倍。小学阶段并不接触力臂的学习，因此以上内容仅阐述实验原理，结合新标准的要求，接下来会对实验目标及内容进一步明确，以适应小学生的真实学习水平。

（三）实验器材

1. 原实验器材：塑料杠杆平衡尺、支架、钩码等（见图 5）。

图 5　小学科学实验室常见的平衡尺规格

2.改进后的实验器材。

（1）胡萝卜杠杆

实验器材：胡萝卜、支架、一次性筷子或木头铅笔、小刀、直尺、橡皮、细线、橡皮筋等（见图 6）。

图 6　胡萝卜杠杆

（2）宽尺形杠杆

实验器材：长方形尼龙塑料片、支架、尼龙螺丝螺母、钩码等（见图 7）。

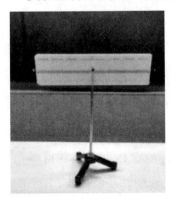

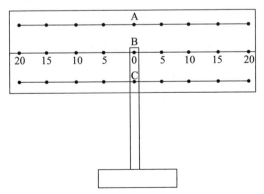

图 7　宽尺形杆杆

（3）圆盘形杠杆

实验器材：圆盘形尼龙塑料盘、支架、尼龙螺丝螺母、钩码等（见图8）。

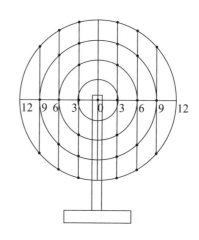

图8　圆盘形杠杆

（四）实验改进要点

杠杆是重要的物理实验器材，正确的实验结论是学生后续研究其他简单机械的基础。基于以上教材实验情况分析以及学生情况分析，对本次实验进行改进是十分必要的。

1. 基于材料：变"使用"为"创造"，趣味材料巧变身。

在以往的教学中，教师在引导学生用平衡尺探究杠杆平衡的原因时，会提供给学生一套常规的实验器材，整齐划一又标准化的器材忽略了部分学生自主构建、主动寻找解决问题途径的思维过程。学生在被动接受探究问题的同时，也被动接受了探究的实验器材，并且按部就班地进行菜谱式的实验操作。这样全程被动式的参与方式，一方面使学生错误的前认知得以继续隐藏，另一方面使实验成为虚假探究的一种形式。实验的出发点应该立足于驱动学生的主动学习，实验材料的选择应该帮助学生深度参与问题探究，实验流程的设计应该着眼于学生真实思维的转化。改进后的实验，根据学生的认知水平，以一根胡萝卜引发认知冲突，从"让我用"材料探究，变为"我要用"有趣的材料做探究，再到"怎么用"材料来探究哪边的胡萝卜重，一切都是从学生的自身学习需求出发来实现真实的、充满童趣的高参与度探究。

2. 基于问题：变"理想"为"现实"，复杂问题巧呈现。

虽然力臂概念在小学科学课程中并不涉及，但在教学杠杆课程时，教师也不应该嫌麻烦而回避，这会给学生的错误认知带来了潜伏空间，甚至强化他们的迷思概念，也会为初高中进一步学习带来更大的麻烦。科学课程的目的不应该只是促进学生学科知识的获得，更应该培养学生多思维、多角度解决复杂问题、现实问题的能力。宽尺形杠杆模型的设计，打破了原来"理想化"的探究条件，在直臂杠杆的基础上做了加宽处理，将其变为"挑战性"的实验材料，难度增加的同时又不至于太过跳跃，在第二次认知冲突的带动下激发学生继续深入思考杠杆平衡的原因，将"现实化"的难点问题巧妙呈现，为将来接触弯臂杠杆、学习力臂概念奠定良好基础。

3. 基于进阶：变"单一"为"融合"，单元学习巧进阶。

本次实验改进将从单一的平衡尺实验，转变为"自制胡萝卜杠杆"到"宽尺形杠杆"再到"圆盘形杠杆"三个渐进层次的探究，通过实验器材的逐步变形与转换，为学生的思维跳跃铺平台阶。学生以该套教具作为建构科学概念的载体，为所思所想提供现实支撑。从实验单一化、器材单一化、思维单一化，转变为实验层次化、器材组合化、思维完整化，同时融合大单元教学的设计理念，以圆盘形杠杆作为突破口，顺利递进和推动后续轮轴和滑轮课程的开展。以往的机械单元教学往往采用没有关联的三套器材，让学生对杠杆、轮轴、滑轮三者产生泾渭分明的误解，无法形成对简单机械单元的整体性、科学性认识，更无法帮助学生达成对科学核心概念的深度理解。因此，本实验试图变"单一"为"融合"，注重课程承前启后的关键性递进作用；既遵循学生"由易到难""由简到繁"的认知规律，又保持知识的"结构性"和"系统性"，是学习进阶的有利保证。

四 实验教学过程

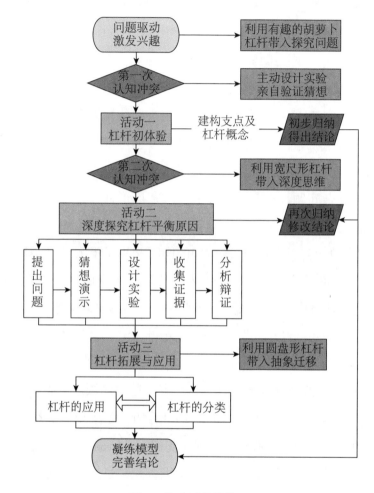

图 9　实验过程结构图

（一）问题驱动，激发兴趣

出示简易支架和一根系有橡皮筋与绳子的胡萝卜（见图 10），明确任务：每一组学生将胡萝卜吊在支架上，使其保持水平位置。学生通过不断调节橡皮筋位置使胡萝卜达到平衡，观察并记录在调节过程中胡萝卜不同的状态（见图 11）。提问：胡萝卜保持平衡的秘密是什么？

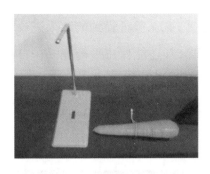

图 10　简易支架、系有橡皮筋和绳子的胡萝卜　　　图 11　胡萝卜挂在支架上

　　经常出现在饭桌上、厨房里的胡萝卜作为本节课的实验材料是学生难以预料的，简单的材料组合方便学生实验的同时又趣味无穷，学生能够积极投入其中并给予热情回应。教师在学生趣味盎然的时候提出一个关键问题：胡萝卜保持平衡的秘密是什么，既调动了学生的前概念和已有经验使其尝试解释眼前的现象，又借助认知冲突进一步驱动学生主动揭开谜底，从"发现学生在哪里"到"引导学生去哪里"一气呵成，将"要我学"真正变为"我要学"（见图 12）。

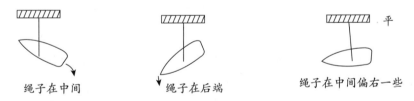

图 12　把胡萝卜挂在支架上保持水平

（二）系列探究，深度学习

实验活动一：杠杆初体验

　　胡萝卜平衡真的是因为两边一样重吗？为了解开悬念，学生会想到用不同的方法去进行验证，切开来称一称、掂一掂等，此时进一步明确：没有称重条件，只用我们身边已有的东西，能不能进行验证呢？学生根据自己的经验和设想，亲自尝试用橡皮和尺子做一个"跷跷板"（见图 13），用

铅笔或一次性筷子做一个"小天平"（见图14）。验证得到的结果进一步引起思考：为什么刚才胡萝卜两边不一样重，却还能保持平衡呢？在自制的"跷跷板"和"小天平"上怎样调节可以让两边胡萝卜再次平衡呢？于是第二个关键问题自然而然地诞生了，学生自发的探究也自然而然地持续进行着。

图 13　橡皮、尺子"跷跷板"　　　　图 14　铅笔（筷子）"天平"

在不断尝试的过程中，学生收获的不单是全然投入的喜悦，他们还会尝试归纳和总结；而在表达与解释的时候又自发地需要概念介入，比如：垫在尺子下面的橡皮、棍子上拴绳子的那一处就是支点；不管是尺子还是棍子都在绕支点转动，它们共同组成了杠杆；支点可以在尺子或棍子上的任意位置，不一定在最中间；支点在不同的位置，结果会有不同，但支点在杠杆旋转的过程中，是固定不动的。概念的建立是在学生建构认知的基础上自然而然完成的，是为了满足学生客观表达、阐述科学发现的需要，而不是简单的教师给予。学生初步发现：物体自身的重量和到支点的距离会影响平衡。显然不少学生已经小有成就感，但教师要敏锐地发现其中依然埋伏着错误的意识表象，因此学习不应该在此戛然而止，而应该向更深处走去（见图15、图16）。

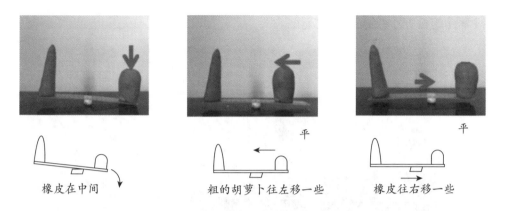

图 15　学生甲动手调节让两边胡萝卜再次平衡

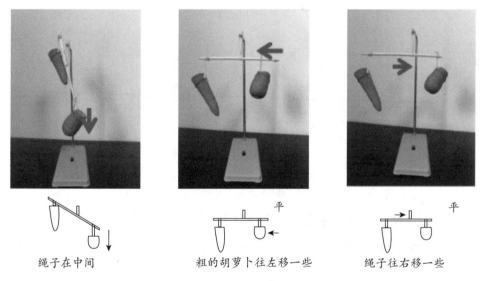

图 16　学生乙动手调节让两边胡萝卜再次平衡

关键问题三适时出现：如果延长一端胡萝卜的悬挂线（见图 17），还能继续保持平衡吗？在第二次认知冲突的冲击下，学生急需一场验证，这一场验证也将为他们下一步使用宽尺形杠杆奠定基础。基于以上三个关键问题的步步推进，结合一连串有趣的操作，学生对胡萝卜杠杆有了深入的理解，简单的记录图（见图 18）也真实地反映了他们的探究过程及思维变化的过程，极具生成性、连续性和可读性，后续完全可以继续美化成具有科学性的科普小绘本或自然笔记。

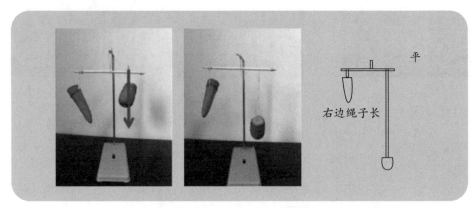

图 17　延长一端胡萝卜的悬挂线

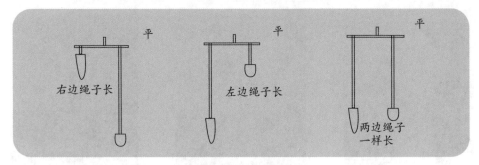

图 18　学生记录

实验活动二：深度探究杠杆平衡原因

在学生初步有所发现的时候，出示宽尺形杠杆，提问：这是杠杆吗？你能想办法用钩码使它保持平衡吗？该如何设计实验并进行及时的记录呢？宽尺形杠杆提供了更多的探究空间，除了中间水平红线 B 上的八个作用点，还有上方蓝色水平线 A 和下方黄色水平线 C 上的各八个作用点，学生可研究的组合更加丰富（见图 19）。学生可以提出自己想研究的问题（见图 20—图 24），并结合自身提出的问题做出猜想，设计实验流程，亲自实验并记录结果，收集证据并进行分析辩证，从而自发地修改上一轮活动所得出的结论（见图 25）。

图 19 学生探究杠杆平衡原因

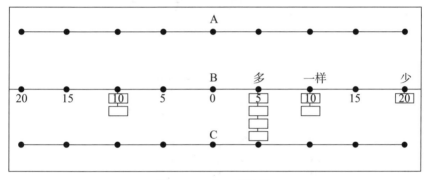

图 20 研究 B 线平衡

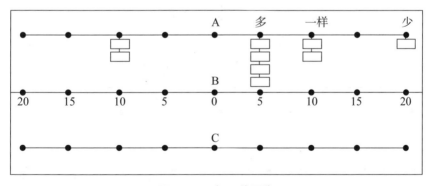

图 21 研究 A 线平衡

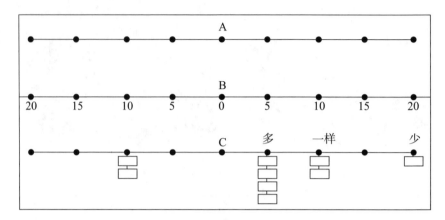

图 22 研究 C 线平衡

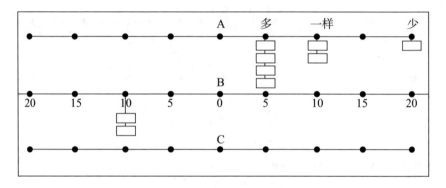

图 23 研究 B10 与 A 线平衡

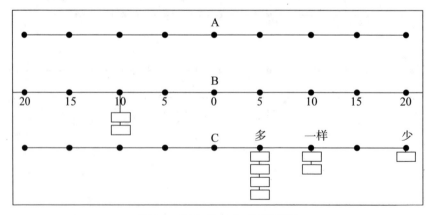

图 24 研究 B10 与 C 线平衡

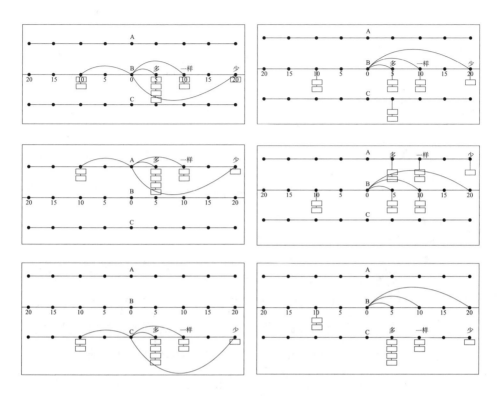

图 25　学生实验记录

实验活动三：杠杆拓展与应用

出示圆盘形杠杆（见图 26），继续提问：这是杠杆吗？说说你的理由。想要让它也保持平衡，你有哪些玩法呢？（圆盘形杠杆的多种不同玩法，见图 27）生活中还有很多杠杆，你能辨别吗？又该如何给它们分类呢？

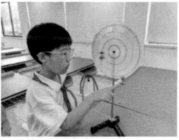

图 26　学生探究圆盘形杠杆平衡原因

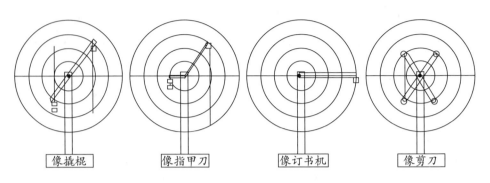

| 像撬棍 | 像指甲刀 | 像订书机 | 像剪刀 |

图 27　圆盘形杠杆的多种不同玩法

专家点评

　　认识杠杆与杠杆平衡规律一直是科学课学习的重点与难点。为了解决本课的教学重难点问题，教师取材于生活，借助一根胡萝卜引发对杠杆的研究，重构了这节课，可谓设计巧妙。好的实验用品能给学生带来学习方式的转变，教师对本课实验装置进行了一系列有结构的开发，改变了常规教学采用的按部就班式的实验操作学习过程，变被动为主动，设计独具匠心，这也是本课实验教学改进的一个创新点和亮点。一方面，我们看到了教师面对旧教材，运用先进的科学课程教育理念对学习的难点问题进行的创造性劳动；另一方面，我们也在新课标对此问题的解读中找到了明确的定位。

　　《义务教育科学课程标准（2022 年版）》在内容要求、学业要求以及教学活动建议中，对于杠杆内容的学习目标给出了清晰准确的区分与描述。在小学阶段五、六年级，对于这部分的内容要求定位在知道杠杆及其应用，到了初中阶段才涉及知道杠杆的特点并解释一些生活实例，活动建议在初中研究杠杆的平衡条件。本课的研究方法与大胆探索是非常值得我们学习的，在新课改、新课程、新理念与旧版教材交叠之际，实验教学的改革与创新要紧扣新课标，充分发挥教师的教育智慧，敢于实践创新，以便更加合理地改进与优化我们的实验教学。

《电铃响叮当——探究影响电磁铁磁性大小的因素》实验教学创新案例

河北省石家庄市红星小学　翟清清

 实验教学背景

《义务教育科学课程标准（2022 年版）》中提到运动的物体具有能量，能量包括电能、磁能等。学生要理解电能与磁能可以相互转换。

本实验教学是针对冀人版《义务教育教科书　科学》六年级上册第二单元第 7 课设计的。本次实验主要围绕教材第二个活动"研究电磁铁磁力的大小"进行，旨在引导学生探究电磁铁的磁力，培养学生运用已有知识解决生产生活中实际问题的探究实践能力。六年级学生已经初步了解了声、光、电、磁的基本性质，并且对于电与磁的知识兴趣浓厚，明显的实验现象更能激发他们的探索欲望。

二 **实验教学目标**

科学观念：能够说出电磁铁磁力的大小与电流、铁芯、线圈有关。

科学思维：能够从不同视角提出研究思路，采用新的方法完成实验设计。

探究实践：能分析出影响电磁铁磁力大小的各种因素，并能设计实验验证自己的分析假设。

态度责任：能够通过交流与评价，共同归纳出结论。

 三 实验改进创新

（一）实验器材

1.探究因素材料：粗细长短不同的铁芯（见图1）、匝数不同的线圈（见图2）、学生电源（见图3）、大头针、导线若干、实验报告单。

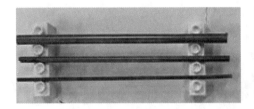

图1 粗细长短不同的铁芯

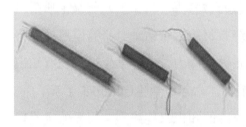

图2 匝数不同的线圈　　　　　　图3 学生电源

2.铁球滚动测量法检验磁力大小所需材料：铁球、光滑亚克力板。

3.隔板吸引测量法检验磁力大小所需材料：铁钉、透明亚克力板。

4.杠杆偏移测量法检验磁力大小所需材料：杠杆、铁片、刻度盘。

5.灯泡显示测量法检验磁力大小所需材料：灯泡、干簧管、导线、滑道、电流表。

基于对教材和学情的分析，结合本次教学内容，教师进行实验创新，帮助学生更好地理解学习内容。

（二）创新要点

1.考虑到干电池使用的时间越长，电压越小，因此改用学生电源，保证电流输出稳定，实验结果准确。

2.学生在做对比实验过程中，需要重新在铁芯上缠绕线圈。根据学生的需求，可自制电磁铁，也可直接利用已标好编号、固定好线圈的电磁铁进行实验。

3.相同条件下，电磁铁每次吸引铁钉的数量不同，且大头针容易被磁化，于是教师带领学生依据已有的认知水平想出了四种检验办法：铁球滚动测量法、隔板吸引测量法、杠杆偏移测量法、灯泡显示测量法。

（三）实验原理

1.铁球滚动测量法

学生在二年级学习磁铁时了解到：磁力越大，吸引的铁钉越多。铁球摩擦力小，电磁铁磁力增加，远近各点磁力相应增加。将铁球由近到远依次排列，电磁铁磁力越大，吸引的铁球个数越多。

2.隔板吸引测量法

铁钉接触电磁铁极易被磁化，用透明亚克力板阻挡铁钉，既可减少磁化现象产生，又方便计数。同时在放置铁钉的亚克力板下方做卡槽，方便调节电磁铁与铁钉之间的距离，这样既可以探究电磁铁的磁力大小与远近距离的关系，又可以探究电磁铁的磁力大小与电流、线圈匝数的关系，如图4所示。

图4 隔板吸引测量法

3.杠杆偏移测量法

如图 5 所示，一端为铁片，另一端后方有量角尺，利用五年级学习的费力杠杆，当电磁铁有磁力后，铁片被吸引，杠杆发生偏转，偏转路线明显。电磁铁的磁力越大，杠杆的偏转路线越大，通过观察偏转位移，确定磁力的大小。

图 5　杠杆偏移测量法

4.灯泡显示测量法

如图 6 所示，三个灯泡分别连接三个磁力开关。磁力开关感应到磁力后，开关闭合，形成通路，小灯泡亮。将小灯泡开关按距离电磁铁由近到远依次排列，当电磁铁的磁力小时，只有离得最近的小灯泡会亮；当电磁铁的磁力变大时，小灯泡全部会亮。

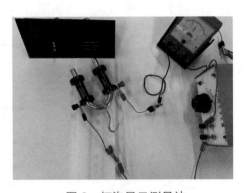

图 6　灯泡显示测量法

四　实验教学过程

（一）创设情境，提出问题

上课伊始，教师用问题式教学法引导学生对矛盾事实进行观察、比较，激起认知冲突，提出上节课学习制作的电磁铁只能够吸引几根小铁钉，而这节课用电磁铁则可以承载十几本书的重量。同样是电磁铁，为什么磁力大小会有这么大的差别呢？

提出问题：电磁铁磁力大小和什么因素有关？

设计意图：利用学生的认知矛盾，激发学生对电磁铁磁力大小和什么因素有关的探究兴趣，进而引导学生进行猜想假设。

（二）猜想假设，设计实验

学生针对教师提出的"电磁铁磁力大小和什么因素有关"这一问题进行猜想，得出可能和电流大小、线圈匝数、有无铁芯、铁芯粗细、铁芯长短等因素有关。

为了验证大家的猜想是否正确，教师提出利用对比实验进行探究，设计探究影响电磁铁磁力大小因素的实验，将实验设计写在实验报告单中。为了更好地引导学生设计实验，教师将上节课制作电磁铁的图片放在实验报告单上，帮助学生回顾旧知，并在此基础上建构新旧知识的联系；同时教师提出在实验过程中要有学生之间的相互评价。学生的实验报告单如图7所示。

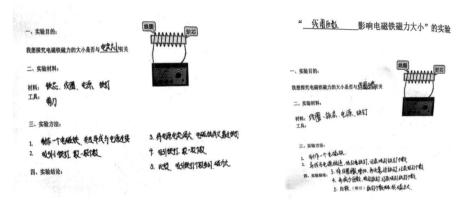

图 7　学生实验报告单示例

（三）实验验证，得出结论

1.学习实验方法。

学生进行实验时发现四个探究实验出现了共同的问题：铁钉容易被磁化。而且实验报告单中出现了相同或相近的铁钉数量，很难判断电磁铁的磁力大小。于是教师带领学生寻找判断电磁铁磁力大小的方法。

设计意图：在这一环节中，学生通过回顾所学的知识，结合本节课的内容，尝试用更好的方法判断磁力大小。

2.进行实验验证。

（1）利用铁球滚动测量法判断电磁铁磁力大小，将铁球由近到远依次排列，利用学生电源，不断增加电压，电流也随之增加，铁球被电磁铁吸引的个数增多。根据实验结果将实验报告单填写完整，分析数据得出结论。

（2）利用隔板吸引测量法判断电磁铁磁力大小，将电磁铁放在透明亚克力板上方，下方放铁钉，增加电流，铁钉被电磁铁吸引，记录个数，并填写在实验报告单中，根据数据得出结论。

（3）利用杠杆偏移测量法判断电磁铁磁力大小，将电磁铁放到支架上，打开学生电源，不断增加电流，观察杠杆指针的偏移距离，记录数据，根据现象以及数据得出结论。

（4）利用灯泡显示测量法判断电磁铁磁力大小，将导线连接好，将电磁铁下方的滑道滑到指定位置，不断增加电流，灯泡亮起的个数越来越多，将电流表读数以及灯泡亮起个数记录在实验报告单中，根据数据得出结论。

3.结论交流与评价

根据实验报告单的数据，全班交流得出结论：电磁铁的磁力大小与电流有关，电流越大，电磁铁的磁力越大。教师启发学生还可以利用这四种方法判断其他因素对电磁铁磁力大小的影响。最后进行评价表汇报，引导学生对今天的实验过程以及学习态度进行总结。

设计意图：通过实验对影响电磁铁磁力大小的因素进行探究，再交流评价，使学生能够在实验过程中提高对自我的认识。学生可根据情况进行拓展延伸，探究其他因素对电磁铁磁力大小的影响，并深入思考自己想探究的问题。

（四）实践应用，深化理解

实验结束后，教师向学生出示电磁铁应用的图片。为了更好地帮助学生认识电磁铁的应用，教师提出创新性问题：利用今天所学的电磁铁，设计一个当人们一开门，就提醒带钥匙的装置。

为学生提供电铃实物，让学生仔细观察，引导学生设计电铃原理图，有余力的学生可以将门加进去，从而设计出一开门电铃就响起来提醒带钥匙的装置。学生的设计图如图 8 所示。

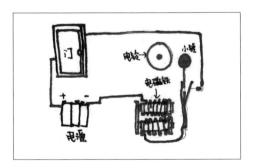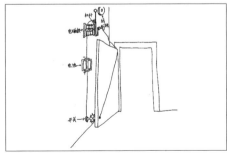

图 8 学生的设计图

专家点评

　　本案例对实验装置从实验的科学严谨性、操作的安全性和便捷性等角度进行改进，让现象更加明显，实验教学的效率得以提高。教师对教学过程的设计也具有一定的探究性和开放性，比如向学生推荐四种不同的对电磁铁磁力大小的检验办法：铁球滚动测量法、隔板吸引测量法、杠杆偏移测量法、灯泡显示测量法，激发了学生对实验探究的兴趣，调动了学习的积极性。这种整合了不同年级、不同领域的科学知识与方法的设计，能够关联之前所学，让学生对已有知识学以致用，同时也有助于学生创新精神的培养。

　　根据《义务教育科学课程标准（2022年版）》对小学至初中的内容要求与教学建议，"探究影响电磁铁磁性强弱的因素"已调整至初中阶段，小学阶段围绕"能量"这个核心概念，能做到"制作一个电磁铁，观察电磁铁产生磁力的现象，体会电能转化成磁能"即可。不过，本实验教学对于教师在实验装置改进与实验教学设计的创新探索方面具有一定的借鉴意义。

《植物的养分》实验教学创新案例

河北省石家庄市南马路小学　贾聪聪

 实验教学背景

（一）教材与课标解读

本实验是针对冀人版《义务教育教科书　科学》六年级上册第四单元第 12 课设计的。本课实验内容对应新课标"学生必做探究实践活动"中的"观察绿叶会制造养分"实验活动。

1. 基于教材版本对比，分析教学重点的转变。

对比旧版教材，本课教学重点从"能量"回归到"生物与环境"，在学生认识了能量的转换之后，引导学生认识能量在植物体内的转化，即光合作用。

2. 基于学情，分析学习目标的达成。

根据波斯纳的概念转变理论，本课的重点是通过阅读的方式完成前概念和新概念之间的转变，实现知识的进阶。在低年级，学生已经知道植物通过根吸收水和养分，需要水和阳光以维持生存和生长（科学前概念）。高年级的学习目标转变为知道植物可以吸收阳光、空气和水分，并在绿色叶片中制造其生存所需的养分（新概念）。

3. 基于本课内容结构，梳理情节梯。

整合教学内容与教学方式，形成如下情节梯（见图 1）。

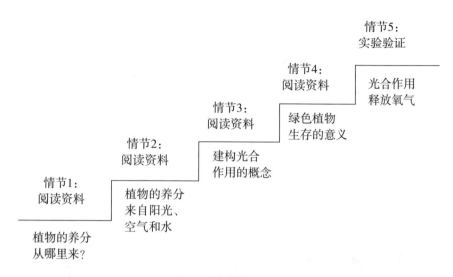

图 1　情节梯

从该情节梯可以看出，教学方式以科学阅读为主要载体，重难点内容为建构光合作用的概念。

（二）教材实验分析

1.改进实验模型，分析主要实验教学内容。

（1）使用氧气和二氧化碳传感器，测量光合作用过程中氧气和二氧化碳含量的变化，得出结论：光合作用吸收二氧化碳，释放氧气。

（2）使用光合作用强度探究装置，探究植物光合作用主要发生的器官及是否需要有光，得出结论：植物的光合作用主要发生在叶片，需要在有光的条件下进行。

（3）拓展研究内容：使用光合作用强度探究装置，探究不同植物叶片、不同生育期叶片、不同颜色的光等因素对植物光合作用强度的影响。

2.教材活动分析。

（1）阅读资料，建构光合作用的概念。

科学阅读，重在复现科学家的探究过程，只有引导学生自主改进实验模型、经历探究过程，才能提升学生的科学探究能力。

（2）科学实验，验证光合作用会释放氧气。

该实验采用排水法收集气体，实验方法为将漏斗倒置，使漏斗末端倒扣在装满水的试管中。水草光合作用产生氧气，将试管内的水排出。但由于氧气会向漏斗外扩散，要在试管内收集到能够检测出的气体含量，需要48小时左右，用时太长。

3. 存在的不足。

（1）教学重点（认识植物的光合作用）主要是以阅读资料的方式完成，形成知识的方式不够直观。

（2）教学难点采用实验的形式进行突破，但该实验利用排水法收集氧气，需要较长时间才能收集到能被检测出来的气体含量，课堂知识建构过程不够流畅。

通过分析，主要以实验探究、改进实验模型的方式帮助学生建构知识。

二　实验教学目标

科学观念：能说出植物可以吸收阳光、空气和水分，并在绿色叶片中制造其生存所需的养分。

科学思维：能运用模型建构，根据液柱位置变化，推理出植物叶片能够吸收二氧化碳，释放氧气，在有光时进行光合作用；能根据生活经验，提出多种影响光合作用强度的因素。

探究实践：能运用模型，探究植物的叶片和茎、有光和无光条件下的光合作用强度的差别；能利用传感器测量光合作用过程中的氧气和二氧化碳含量的变化。

态度责任：能说出绿色植物存在的意义；愿意尝试改进实验模型，探究影响光合作用的因素。

实验改进创新

（一）实验原理

光合作用强度测量装置实验原理：植物在进行光合作用时，产生氧气，针筒内气压变大，导致滴管内液柱下降。

（二）实验设计思路

实验设计从使实验效果明显的角度出发，将光合作用过程中氧气含量的变化，转变为滴管内液柱位置变化的形式呈现给学生，让抽象、看不见的气体可视化。

（三）实验器材

气体含量测量装置：灯源及底座、氧气传感器、二氧化碳传感器、密封瓶（见图2）。

光合作用强度探究装置：推进器、单片机控制器、玻璃针筒、三通器、活塞固定器、吸液卡板、滤片、灯源（见图3）。

图2　气体含量测量装置

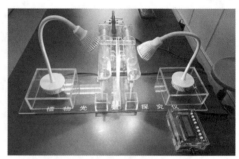

图3　光合作用强度探究装置

（四）实验创新要点

第一次改进（见图4）：为解决教材装置的气密性问题，使用烧瓶、试管和胶塞相连的组装模型，烧瓶内水草光合作用产生的氧气向上移动，将试管内液体排出，从而收集气体，这个过程大约需要 8 小时。

分析课本和第一次改进的实验模型，二者都是直接收集气体，进而验证该气体为氧气。课堂上有学生提出疑问，气体成分变化，会导致气体压强发生变化吗？

图 4　第一套模型：烧瓶、试管、胶　　　图 5　第二套实验模型：输液管输液
　　　　塞组装模型　　　　　　　　　　　　　　瓶组装模型

第二次改进（见图 5）：采用输液管和输液瓶的组装模型。在输液瓶内装入水草，输液管内提前置入液柱，照灯后观察输液管内液柱位置的变化。实验发现，光照较强时，5 分钟内液柱能向外移动 1 厘米，这说明光合作用时瓶内压强变大。但学生在实际实验后反映，输液瓶口径比较小，不容易取放水草；输液管内置入液体、标记测量都比较烦琐；针头使用不安全。

第三次改进（见图 6）：首先对分装瓶、密封饭盒、玻璃针筒等容器的气密性进行检验，最后选择用玻璃针筒盛放植物。引入数字化实验教学，采用传感器测量气体含量的变化。最后从不同粗细的塑料滴管中，选出液柱位置变化最明显的 1 毫升塑料滴管。由此确定第三套模型，但该装置具有如下缺点：①简易测氧仪不够精确；②卤素灯虽接近太阳光，但其热效应较大；③玻璃针筒需要人工吸液、抽液，操作烦琐。

图 6　第三套模型：数字实验模型

　　为了解决以上装置的弊端，在明确实验原理后，最终确定了如下实验模型。

　　1. 模块一：气体含量测量装置。

　　（1）改进要点：使用氧气和二氧化碳传感器，直接测量植物光合作用过程中氧气和二氧化碳含量的变化，引导学生通过实验数据总结出光合作用吸收二氧化碳、释放氧气。

　　（2）创新要点：利用传感器，并用手机软件投屏，直观动态地显示光合作用过程中的气体含量的变化，避免推理的不确定性；利用灯源照射，光合作用强度变大，测量用时较短（见图 7、图 8）。

图 7　传感器　　　　　　　　　　图 8　手机软件投屏

2. 模块二：光合作用强度探究装置（见图9）。

（1）实验改进要点：利用实验探究的方式帮助学生理解光合作用主要发生在叶片、需要有光等。

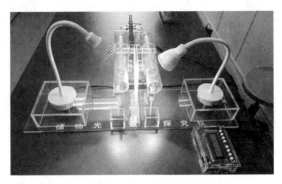

图9 光合作用强度探究装置

结合"光合作用主要发生在叶片"实验，来看实验模型的操作方法。

①称重：称取相等质量的植物的叶片或茎，或取相同数量的植物叶片（见图10）。

②装管：将植物的叶片或茎等器官盛放在玻璃针筒内（见图11）。

③固定：将针筒固定在推进器上（见图12）。

图10 称重　　　　　图11 装管　　　　　图12 固定

④吸液：调节推进器控制面板，向胶头滴管内吸取相等的液体（见图13）。

⑤照灯：同时打开灯源，照射玻璃针筒（见图14）。

⑥观察：5分钟后，观察胶头滴管内液注的位置变化（见图15）。

图 13　吸液　　　　　　　　图 14　照灯　　　　　　　图 15　观察

（2）实验创新要点。

①利用推进器，可以实现自动吸液，避免人工吸液的不准确性。

②用实验探究代替教材阅读资料的方式，通过观察不同针筒内液柱下降高度的不同，帮助学生理解光合作用主要发生叶片，且需要在有光的条件下进行。

③该实验模型可以同时研究不同植物的叶片、不同生育期的叶片、光照颜色等因素对植物光合作用强度的影响。

四　教学过程

根据科学探究模式，设计了以下四个教学环节。

（一）创设情境，提出问题

同学们，你们见过习惯在早晨跑步锻炼身体的人吗？如果从科学的角度来说，在考虑空气中氧气含量的条件下，晨练是最好的锻炼方式吗？

（二）阅读资料，猜想假设

利用生活的场景，引发学生思考。此时出示事实资料，学生在阅读资料时发现，植物的叶片在有光照时可以进行光合作用，会吸收二氧化碳并释放氧气，所以早晨空气中氧气含量比较低，可能并不是最适合进行有氧运动的时间。在此基础上，从学生提出的一系列与光合作用有关的问题中，提取本课要重点探究的问题，明确实验探究的目的。

在实验之前，学生在输液瓶内分别放入多种生长比较快的水草和陆生植物，观察相同时间内液柱的移动方向和距离。正数代表液柱向外移动，数字越大，光合作用越强；负数代表液柱向内移动，数字越大，说明呼吸作用越强。最后结合液柱的移动方向和距离，选择用细叶水草和鸭掌木作为实验对象。考虑到二氧化碳传感器不能接触水，最终选择了鸭掌木。

（三）掌握方法，实验探究

接下来，同学们结合小组内想要探究的问题，分组进行实验探究。

1. 实验一：探究植物不同部位的光合作用。

称取等重量的鸭掌木的叶片和茎，放入玻璃针筒内；将玻璃针筒固定在推进器上，调节控制面板，向胶头滴管内吸取等量的液体；同时打开灯源，5分钟后，观察胶头滴管内液柱位置的变化。

学生发现，5分钟后，装有叶片的装置内，液柱向下移动约1厘米，装有茎的装置内液柱变化不明显。

2. 实验二：探究有无光照对光合作用的影响。

在针筒内放入等量的鸭掌木的叶片，一侧照射，另一侧用黑色卡纸进行遮光处理。5分钟后，发现在有光条件下，液柱下降约1.5厘米，无光一侧变化不明显。

在前面的实验中，有的学生发现了不完全相似的现象：装有茎的装置中，液柱位置略有升高。同时也有学生发现，没有光照时，液柱有时也会略微升高。这到底是什么原因呢？在此基础上，我告诉学生，植物在进行光合作用的同时，也在进行呼吸作用。无光照时，是否因为呼吸作用比光合作用强，所以液柱升高呢？我引导学生保持好奇心，等到七年级学习呼吸作用后，再来继续探究这一问题。

有学生提出了更多想要探究的问题，例如：

（1）不同植物叶片的光合作用强度相同吗？经过实验探究，学生发现不同植物叶片的光合作用强度不同。

（2）所有植物的茎可以进行光合作用吗？

经过实验，我们发现叶子退化成刺的仙人掌的绿色肉质茎能进行光合作用。

（3）光照的强度对植物的光合作用有什么影响？

引导学生利用照度计测量，发现在一定的光照强度内，光照越强，液柱下降越多，光合作用越强。但光照强度过高时，反而不利于植物进行光合作用。

经过对比实验，学生知道了植物依靠复杂的光合作用实现了生长。那光合作用的过程中，气体含量是如何变化的呢？于是产生了第三个实验。

3.实验三：探究光合作用过程中气体含量的变化。

在密封瓶内装入植物叶片，轻轻吹入一口气，插入氧气和二氧化碳传感器，打开光源，在手机软件里，动态记录光合作用过程中的氧气和二氧化碳的含量变化。

通过实验，学生发现，在光照条件下，氧气含量升高，二氧化碳含量降低。这说明植物的光合作用会吸收二氧化碳，释放氧气。

4.讨论交流，形成概念：在实验探究后，结合问题链，引导学生进行比较、分析推理、归纳总结（见表1）。

表1　问题链及思维发展过程

问题链	思维要素	思维发展过程
①在实验中，你观察到液柱位置有什么不同的变化？（观察）	比较	叶片装置内液柱下降明显；在有光条件下，液柱下降更明显
②液柱位置的不同变化说明了什么？（分析、推理→验证）	分析	选择叶片的一组，在有光条件下，玻璃针筒内压强变大
③实验中，气体含量如何变化？（归纳）	归纳	氧气含量升高，二氧化碳含量降低

续表

问题链	思维要素	思维发展过程
④实验能够得出什么结论？（综合）	综合	主要是在叶片部位进行光合作用；光合作用需要在有光时进行；光合作用使氧气含量升高，二氧化碳含量降低

实验中，我们观察到选用叶片和有光条件下，液柱下降。经过分析，推测此时玻璃针筒内压强变大。为验证推测是否成立，我们利用压强传感器进行实际测量，发现植物叶片在进行光合作用时，针筒内压强的确会变大。结合测量出的光合作用中氧气含量升高、二氧化碳含量降低的实验现象，最后完成对光合作用概念的建构。

（四）拓展延伸，深化理解

课后，学生萌生了更多探究的想法，例如，喜阴植物和喜阳植物的光合作用强度有多大差别？光的颜色对光合作用有什么影响吗？

于是学生利用课余时间分别在针筒内放入喜阴和喜阳植物进行探究，发现光照强时，喜阳植物一侧液柱下降，也就自然而然明白了喜阴植物和喜阳植物要怎么种植；用红色、绿色玻璃纸分别包裹玻璃针筒，使植物分别受到红光、绿光的照射，结果发现红光一侧液柱下降，绿光一侧基本不变，这说明植物会吸收红色光，但一般不会利用绿色光，也就明白了为什么农民伯伯在建塑料大棚时，要用透明的塑料薄膜，而不用绿色薄膜。

专家点评

本案例凸显了数字化实验相较于传统实验的优势。教师利用自制的光合作用强度探究装置，突出教学重点，突破教学难点，让实验数据可视化，并大大缩短了采集气体的时间，能更快速、便捷、准确地分析实验数据，得出实验结论。创新的实验装置和体现新课程理念的教学设计，激发了学生探究实践的主动性。本案例中学生通过使用数字化实验仪器，有更多的时间用于观察与思考，发现更多的探究问题，拓展了探究学习的范围，探究学习更具开放性、个性化；同时有利于让探究贴近学生生活，解决生活中的疑问。教师的实验教学从生活情境入手，围绕核心概念，搭建情节梯，激发学生在自主探究中完成科学知识的建构。教师对于实验教学的设计和不断迭代的实验装置的创新精神，值得我们学习。

新的技术手段、创新的数字化实验装置在促进学生科学思维发展、拓展学生探究问题、提升学生探究能力以及提高教师教学效率、突破教学重难点等方面有明显的优势，但我们也要注意新技术手段是否与学习目标、探究内容的深度难度等方面在准确性、合理性、适切性上相匹配。根据《义务教育科学课程标准（2022 年版）》中对小学至初中的内容要求、学业要求以及教学建议，在"光合作用"主题的学习进阶中，建议在教学目标方面能基于小学生的年龄特点进行一定的调整，比如在提出多种影响光合作用强度的因素和利用传感器测量光合作用过程中的氧气和二氧化碳含量的变化等方面合理定位。

《自制日地月模型——探究日食现象》
实验教学创新案例

北京市东城区府学胡同小学 刘阳 徐岩

一 实验教学背景

本实验是针对首师大版《科学》第 5 册"星球探索"单元《月食和日食》设计的。本课实验内容对应新课标"学生必做探究实践活动"中的"模拟地球的自转和公转"实验活动。

二 实验教学目标

科学观念：借助日地月模型模拟日食现象，并分析、解释日食成因。

科学思维：获取日食资料，经历推理论证的思维过程。

探究实践：能够通过模拟实验，用自己的语言解释日食现象。

态度责任：形成尊重事实、勇于实践、乐于交流、敢于表达的科学态度，保持对宇宙奥妙探索的浓厚兴趣。

三 实验改进创新

（一）实验教学内容

本实验借助模型帮助学生开展对日食成因的探究学习，并根据事实资料进行推理论证，使学生认识到日食的形成与月球、地球运转轨道的形状、角度有关，层层深入，形成对日食成因的认知。

（二）实验原理

日食现象为太阳、地球、月球三个天体处于某一相对位置时形成的天文现象，此时月球位于地球和太阳之间，且太阳和月球均在黄道面和白道面交点附近。通过调整模型中三个天体的位置、角度，模拟日食现象。

（三）实验设计思路

此模型在原有模型的基础上进行创新，引导学生对日食现象进行观察，形成对日食成因的初步认识，通过模型呈现一年十二次日食。当模型呈现现象与事实发生冲突时，学生会进一步推理论证，修正原有模型并产生新的认知，在对日食成因的持续研究过程中，引导学生"走近"日食。

（四）实验器材

自制日地月模型（见图 1）所使用的材料主要为木质板和亚克力板，并配有电机、灯泡等电器元件。该模型为手自一体的示意模型，既可自动实现月球、地球的运动，演示太阳、地球、月球三个天体间的相对运动；又可以手动替换连接杆处的齿轮，改变齿轮形状以改变地球、月球的公转轨道形状；通过调节月球吊盘和地球支撑轴的倾斜角度，改变模型白道面与黄道面的角度。另配备小型摄像头，实现图像信号与手机或电脑的同步共享，学生在观看时犹如置身其中，增强了学习的代入感、体验感，突出了探究实践。

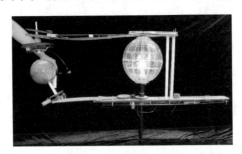

图 1　自制日地月模型

（五）实验改进要点

1.模型帮助学生呈现日食现象，加深对日食成因的认识，使其可视化。

学生对日食成因的认知各不相同，交流时仅用语言很难将其描述清楚。借助模型手动功能就可以很好地解决这一问题，学生可以任意调整天体的位置、轨道的角度等，将自己头脑中对日食成因的认识在日地月模型上呈现出来，使其可视化。

2.轨道模型可操作性强，多次分析论证，推进学生思维发展。

在《日食》一课，教师通常采用两种方式帮助学生研究日食。第一种是借助三球仪观察日食现象，学生可以观察到太阳、地球、月球三者之间的相对运动方式，但地球和月球沿固定的轨道形状、平面与倾斜角度运转，运转轨道固定不变；第二种是借助模型进行遮挡，呈现日食现象，但只是进行了简单的模拟，并没有培养学生的思维能力。这就限制了学生的学习空间，学生的学习需求不能得到满足。本模型可以补齐这一"短板"，并通过论证式教学帮助学生发展思维，逐渐"走近"日食。当获取大量事实资料，并进行多次推理论证后，学生就可以形成新的认知。模型可以帮助学生探索日食形成的各种可能原因，学生可以通过模拟现象验证新认知是否成立，这是个层层推进、逐步深入的论证过程。学生逐步从太阳、地球、月球三者一线即可以出现日食的前概念，向太阳、地球、月球的相对大小和相对运动方式这一科学概念深入发展，以此提升探究能力，推进科学思维的发展。

3.多角度观察日食现象，拓宽学生观察的广度。

借助模型配备的小型摄像头，学生可以模拟站在地球上观察日食现象（见图2）；又可以置身在模型系统之外，模拟站在宇宙空间观看三个天体的位置（见图3），从不同角度观察日食的形成（见图4），从而渗透宇宙是一个复杂的系统的大宇宙概念，帮助学生保持探究宇宙奥秘的兴趣和动力。

图2 模拟地球视角　　图3 模拟宇宙视角1　　图4 模拟宇宙视角2

四　实验教学过程

（一）引入日食现象，暴露学生原认知

导入环节围绕话题"日食是怎么产生的"开展教学活动，教师出示日食的图片等来呈现日食现象，暴露学生原认知。学生认为日食的出现是太阳、地球、月球三者一线（见图5），月球挡住了太阳；三者是静止的，忽略了相对运动，没有立体空间的建构。于是教师利用模型将学生的想法呈现出来，引发学生思考，开启对日食成因的研究之旅。

图5　学生前概念

（二）依据事实证据，分析推理论证，探究日食现象

1. 模型演示验证新知，与事实产生认知冲突。

基于模型演示，学生修正了前概念，形成新的认知：日食是在三个天体运动过程中形成的。学生操作模型演示，演示结果为：按照这样的规律每个月应该发生一次日食，一年发生十二次日食（见图6）。

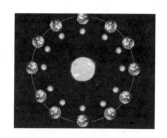

图 6　初次演示结果

此时教师为学生提供近几年世界各地日食发生时间表（见表 1），数据显示一年只出现约两次日食现象，这与学生得到的结论不符，引发认知冲突，从而使学生产生了进一步探究的动力。

表 1　近十年世界各地日食发生时间

2009 年 1 月 26 日	2011 年 6 月 1 日	2013 年 11 月 3 日	2016 年 3 月 9 日	2018 年 7 月 13 日
2009 年 7 月 22 日	2011 年 11 月 25 日	2014 年 4 月 29 日	2016 年 9 月 1 日	2018 年 8 月 11 日
2010 年 1 月 15 日	2012 年 5 月 20 日	2014 年 10 月 23 日	2017 年 2 月 26 日	2019 年 1 月 6 日
2010 年 7 月 11 日	2012 年 11 月 13 日	2015 年 3 月 20 日	2017 年 8 月 21 日	2019 年 7 月 2 日
2011 年 1 月 4 日	2013 年 5 月 10 日	2015 年 9 月 13 日	2018 年 2 月 15 日	2019 年 12 月 26 日

2.模型辅助推理论证，对日食进一步研究。

用模型演示时，学生发现，一年出现十二次日食对应的是地球和月球的公转轨道都是圆形的情况，于是学生猜想是否与天体公转的轨道形状有关；再次借助模型研究不同轨道形状下日食的出现次数，验证自己的想法。学生利用模型将其想法呈现出来，通过调整齿轮形状改变地球和月球的公转轨道，结果发现轨道无论是圆形（见图 7）还是椭圆形（见图 8）并不会影响日食每月出现一次的结果，又推翻了自己的猜想。

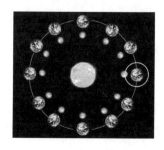
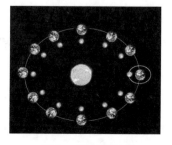

图 7　圆形轨道　　　　　图 8　椭圆形轨道

3. 利用模型多次推理论证，逐渐"走近"日食形成的"真相"。

（1）基于以上研究，学生继续猜想：一年出现两次日食可能与轨道的倾斜角度有关（见图9），地球公转轨道和月球公转轨道可能不在同一个平面上（见图10）。教师引导学生再次尝试利用模型研究，调整轨道的倾斜角度，反复尝试发现当两个轨道有一定倾斜角度时（见图11），出现的现象才更符合一年出现两次日食的事实。由此学生认识到日食的形成与轨道的倾斜角度有关。

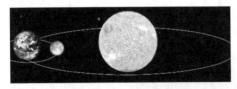 

图 9　水平月球轨道　　　　　　　　图 10　倾斜月球轨道

图 11　一年两次日食现象

（2）教师为学生提供日全食、日环食、日偏食的资料，学生通过研究发现：当月球离地球近时，摄像头拍摄到的影像是日全食；当月球离地球远时，摄像头拍摄到的影像是日环食。而只有当公转轨道的形状为椭圆形时才会出现太阳、地球、月球远近变化的现象，由此学生认识到日食的形成与轨道的形状有关。

学生在研究日食形成原因时，就像剥洋葱一样，层层深入，越来越接近日食形成的"真相"。

（三）发现更多有趣现象，继续探究宇宙奥秘

任何科学研究都是无止境的，新的发现总是离真理更近一步。本实验对日食成因的认识还不能止步于此，这只是宇宙奥秘的"冰山一角"。因此在本实验的第三个环节，教师启发学生思考在操作模型时有没有新的发现，鼓励学生按照课上用到的学习方法利用模型继续研究有趣的天文现象，保持研究的兴趣与动力。

专家点评

　　本实验的教具开发具有创意，能以学生为中心，通过可视化、多角度模拟展示日食现象；同时，可调整、多变化的巧妙结构设计又能够支持学生进行讨论、促进思考，有助于教师开展探究式教学。在实验教学的过程中，教师能巧妙利用所开发的教具，引导学生通过推理论证、模拟演示等学习活动，层层推进，对日食现象进行深入思辨与实证，整个教学过程凸显了对学生科学思维与科学精神的培养。

　　基于《义务教育科学课程标准（2022年版）》对小学及初中的内容要求与教学建议，"宇宙中的地球"这一核心概念的内容要求为"学会运用三球仪模拟地球、月球和太阳的相对运动，知道日食和月食产生的原因，了解日食和月食是可以预报的"，这是适用于七至九年级的。所以建议本课在难点上进行一定的调整，比如可以在根据观测数据表进一步讨论与猜想"一年出现两次日食可能与轨道的倾斜角度有关"的这一问题和探究环节上进行简化，或教师以拓展学习的方式进行演示与介绍。

《变化的月相》实验教学创新案例

江西省抚州市实验学校　彭丽婷

 实验教学背景

（一）教材与课标解读

本实验是针对粤教粤科版《义务教育教科书　科学》四年级下册第四单元第 23 课《变化的月相》设计的。通过前一课的学习，学生已经知道月球本身并不发光，月光是月球反射的太阳光。本课实验内容对应新课标"学生必做探究实践活动"中的"观察记录月相的变化"实验活动。

（二）教材实验分析

教材利用月相盒做模拟实验。该月相盒是一个圆柱体，内部均为黑色，侧面均匀分布着几个小孔，每个小孔旁标有日期和月相名称，在底座中央一个白色小球当作月球，在其中一个小孔上装一个灯泡当作太阳，学生从不同的小孔往里面看月球，把看见的月相画下来并标上对应的名称和日期。

原实验的不足之处：

1. 每次只能一名学生观察。

2. 每次看到的月相是不连续的。

3. 只能作为学生的学习工具。

4. 不利于探究月相变化原因。

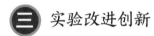 实验教学目标

科学观念：知道在地球上看到的月球明亮部分的各种形状叫作月相；经历观察月相变化的过程，认识月相变化的规律。

科学思维：通过分析图文数据，归纳概括月相变化的规律；能在教师的引导下，通过月相模拟仪解释月相变化的原因。

探究实践：能通过长期观察，记录一段时间内的月相；能通过模拟实验，进一步认识月相变化的规律。

态度责任：对自然现象保持好奇心和探究的热情，乐于探究和实践。

三 实验改进创新

（一）实验教学内容

教材安排了两个活动：哪一天是满月，月相变化有规律。为了使学生直观地认识月相变化的规律，能正确、完整地记录月相，特设置以下两个实验教学内容。

1. 教师利用月相模拟仪演示月相持续变化的过程。

2. 学生利用月相模拟仪进一步认识月相的变化。

（二）实验原理

用转盘模拟地球，手机摄像头模拟地球上的观察者，黑黄小球模拟月球，黄色为亮面，表示被太阳照亮的部分。将手机画面投屏至电脑端，月球在围绕地球公转的过程中亮面始终对着太阳，同时摄像头实时记录月相变化的画面，学生通过大屏幕进行观察。

（三）实验设计思路

在地球上看月相变化的周期约为 30 天，地球自转一圈的时间约为 24

小时，因此设计了两个同心圆。将内圈平均分为 24 份表示 1—24 时，将外圈平均分成 30 份表示农历一个月的初一至三十。从北极上空看，地球在逆时针自转，月球逆时针围绕地球公转，所以将数字和日期均按逆时针排列。每月初一，太阳、月球和地球在同一直线上，月球的暗面朝向地球且这一天月球和太阳同升同落，所以将数字 6 对着初一，表示初一时月亮早上大约 6 时从东方升起，又因为暗面朝向地球，所以我们看不见。通过在黑黄小球中内置一个铁块，改变小球的重心，实现月球在围绕地球公转的过程中始终以亮面朝向太阳。

（四）实验器材

底座（见图 1）：小颗粒积木搭的斜面、印有两个同心圆的 KT 板。

图 1　底座

地球部分：电动转盘、手机支架、手机。

月球部分：黑黄小球。

其他：长条、塑料管、铁轴等。

（五）实验改进要点

自制月相模拟仪（见图 2）有如下优点：

1. 一人操作，全班都可同时观察。

2. 实验直观且效果明显。

3. 不仅能够看到每天对应的月相，还能看出月亮升起的大致时间。

4.操作简便，既可以作为教师的演示工具，也可以作为学生的学习工具。

5.结构简单，材料易得，方便拆卸。

图 2　自制月相模拟仪

四　实验教学过程

（一）激趣引入

通过谜语"有时落山头，有时挂树梢，有时像圆镜，有时像镰刀"引出月相概念。

（二）讲解几种不同的月相

活动一：哪一天是满月？

1.提问：刚刚在谜语中出现的"圆镜"和"镰刀"两种月相，你知道它们分别发生在什么时候吗？通过问题引发学生交流讨论。

2.根据学生的汇报出示课本中的几幅月相图，讲解几种不同月相和月相的画法。提问：这些月相分别出现在哪一天（见图 3）？月相的变化有规律吗？有什么规律呢？通过这些层层递进的问题激发学生探索的欲望。

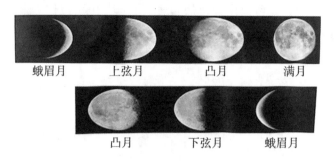

图3　几种不同的月相

（三）模拟月相的变化

活动二：月相变化有规律。

1. 教师利用月相模拟仪演示月相持续变化的过程。教师一边演示一边向学生讲解，学生则通过大屏幕进行观察。

2. 学生利用月相模拟仪进一步认识月相的变化。在学生实验前，教师要求学生记录农历初一、初三、初七、十二、十五、十八、二十三、二十七等不同时期的月相（见表1），学生通过整理图文数据，总结月相变化的规律（见图4）。教师引导学生通过模拟实验思考月相变化的原因。

表1　月相记录

日期	初一	初三	初七	十二	十五	十八	二十三	二十七
观察记录	●	◐	◑	◗	○	◖	◐	●
发现	1. 月相升起的时间每天都在推迟。 2. 月相变化有规律，先由缺到圆，后由圆到缺。 3. 上半个月右边亮，下半个月左边亮。							

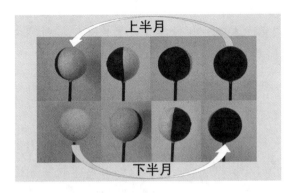

图 4　月相变化的规律

3. 出示月相成因的资料（见图 5），加深学生对月相变化的理解。

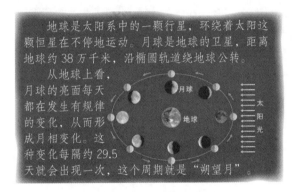

图 5　月相成因资料

（四）课堂总结

通过问答的方式让学生总结月相变化的规律和特点。

专家点评

　　学生是探究实践的主体。本实验教学对实验装置的改进是以学生为中心、面向全体学生这一教学理念为出发点的，这是非常重要的。教师改进实验的首要原因是原实验装置——月相盒只能有一名学生观察，无法让更多的学生进行模拟实验。为了学生能更好地学习是我们改进与优化实验教学的宗旨。本课教师对实验装置的开发与利用具有创新性和推广价值。实验装置改进的优点在于结构简单，材料易得，设计巧妙，能够从宇宙和地球两个不同的视角比较形象地展现月相变化的过程。模拟月相变化的情境促进了学生对月相变化的了解。

根据《义务教育科学课程标准（2022年版）》对月相部分的解读，在初中会着重研究月相的成因。所以我们对本课教学目标的定位可以进行一些调整，在小学阶段对于"月相的成因"不做深入探讨。本课在实验教学过程中可以增加学生探究的互动性，支持学生利用实验装置对月相变化的过程进行更加充分的研讨与交流，促进学生发展科学思维，激发学生对天文观察的兴趣。

《数星星》实验教学创新案例

辽宁省沈阳市沈北新区道义第二小学 吕超

 实验教学背景

本实验教学是针对苏教版《义务教育教科书 科学》二年级上册第二单元第 6 课设计的，属于地球与宇宙科学领域的内容。

为了更好地开展实验教学，教师综合运用多种方法进行了前概念的调查和分析，样本班级人数 35 人，详细情况如表 1 所示。

表 1 前概念调查统计

调查内容	人数分布			
你有过认真观察星星或者星空的经历吗？	认真观察过：15 人	只是偶尔随便看看：16 人	没有观察过：4 人	
你认为星星看起来相同吗？如果你觉得星星看起来不相同，具体哪里不同？	相同：20 人	不同：11 人	不知道：4 人	
	大小不同：8 人	亮度不同：0 人	不知道：3 人	
认为星星大小不同的 8 人：星星为什么有的大有的小？星星的大小与哪些因素有关？	与距离远近有关：5 人	与星星自身的亮度有关：1 人	与前两者都有关：0 人	与月亮有关：2 人

续表

调查内容	人数分布			
为什么白天看不到星星?	星星被云朵遮住了：3人	星星跑到别的地方去了：3人	太阳太亮了：15人	不知道：14人
说说你知道的星星的名字。	2种及以上：2人	1种：17人	不能说出：16人	
说说你知道的天文学家的名字。	说出一个名字：1人	不知道：34人		

　　仰望星空是儿童的天性，但是天空中的星体难以触摸，学生年龄小又不太熟悉观察和研究的方法，导致学生观察兴趣持续的时间短，观察缺乏目的性和意识性，对于星星之间是否有不同、白天见不到星星的原因等问题普遍存在错误的前概念。因此，教师设计了直观且贴合学生认知的模拟实验，选择生动有趣的实验方法以有效解决上述问题。

二　实验教学目标

　　科学观念：知道星星有大小明暗的区别；星星和太阳、月亮一样，都是天空中的星体。

　　科学思维：能在教师的指导下，观察具体事物的构成要素，通过口述、画图等方式描述事物的外在特征。

　　探究实践：初步体会用图示表示星星明暗的方法；能够对白天看不到星星的原因进行猜想，并与同伴一起探索其中的奥秘。

　　态度责任：能够对星星等宇宙天体产生观察和继续探究的兴趣。

实验改进创新

（一）实验器材

环保彩绘夜光漆、大小不同的圆形贴纸、12 份不同的星空地图、手机观星软件、遮光布等。

（二）实验设计思路

1.贴合认知，具象表征：用夜光贴纸代替手电筒进行模拟实验，在环境光有明暗变化时，"星星"也会有明暗的视觉变化。这样较为具象的表征方式更贴合学生的认知规律。

2.结合图示，分组数星：引入天文学家常用的分组数星法和图示法，制作不同大小的夜光贴纸代表明暗不同的星星，渗透科学研究的重要方法。

3.进阶观测，渗透星座：把星星之间的角度方位关系体现在星空图上，每个小组的星空图都会不同，为进阶观测和研究宇宙星空打下基础。引入手机观星软件进行在线观星，延展观星时空。

（三）教师备课时产生的一些疑问

1.本课的课题为数星星（教材内容略），但是教材中"数"在哪里？

2.《义务教育科学课程标准（2022 年版）》对本学段的直接要求很少，但对小学高年级研究星座的要求非常明确。如果等到高年级再进行有目的的观察和研究会错失多少次认识宇宙的机会呢？

3.教材原实验中用手电筒来模拟"为什么白天看不到星星"的实验，但白天光斑暗淡，慢慢变黑后，光斑才会变亮，实验中存在一定的不足：

（1）没有形象地体现出星星有明暗大小的特点；

（2）不能充分地与未来深入学习宇宙和星座的知识建立起联系；

（3）实验操作不够贴合学生对真实星空的认知。

（四）针对疑问进行的改进

1. 制作星空图。

图示法是天文学家常用的表示地球与宇宙知识的方法，且画图的方法十分适合低年级学生，小学生也可以像科学家那样做。教师把图示法和赫歇尔的分组数星法进行了结合。

（1）为每个小组选择了不同的、具有代表性的星组，将通过专业资料查到的星组进行模糊处理，分成明暗不同的三个等级，用大小不同的圆圈表示，把明暗、方位、角度、关系体现在星空图上，如图 1 所示。

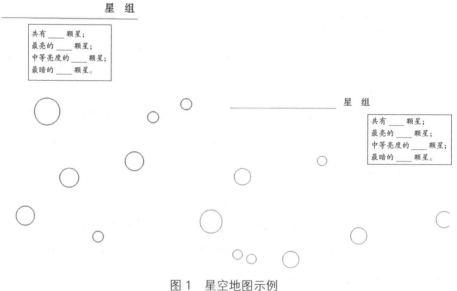

图 1　星空地图示例

（2）把环保彩绘夜光漆均匀涂在与星空图对应的三种大小的圆圈上，晾干剪下后制成大小不同的夜光贴纸，如图 2 所示。实验时结合星空图进行使用，如图 3 所示。

图2　夜光"星星"制作流程

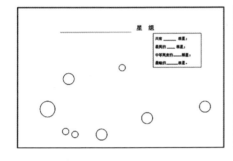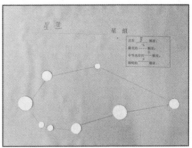

图3　用夜光"星星"制作星空图示例

2.改进"为什么白天看不到星星"的模拟实验。

白天看不到星星是环境光和物体光引起的视觉对比现象，即明暗对比。夜光漆在环境光明暗变化时也会产生视觉上的明暗变化，当灯光暗下来时小"星星"们就亮起来，如图4所示。因此，可以用夜光"星星"制作的星空图探究"为什么白天看不到星星"。

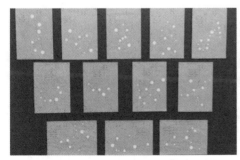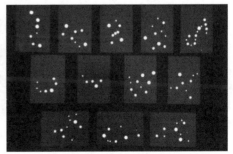

图4　模拟"为什么白天看不到星星"实验

用星空图串联起来整节课，将"探究白天看不到星星的奥秘""学习进阶""图示法"建立起有机的联系，同时也使学生对真实的星空有了一定的了解。

四 实验教学过程

通过以上分析，教师设计了如下实验教学环节。

（一）亲身观察

借助网络平台分享观星经验：观星的地点、数量、星与星之间的相同和不同之处……

（二）有"法"数星

1. 提出问题：这么多星星要怎么数呢？

学生在疑难情境中认识到赫歇尔分组数星星这一方法的奇妙。

2. 大梦想变小目标：数清并观察好一个小组的星星，先制作一份小组的星空地图。

学生小组合作完成贴一贴、数一数、连一连、取名字、制作星空地图几个步骤，在活动中感知天文学家运用的命名、划分区域、图示、模型等多样的研究方法。

（三）模拟验证

1. 模拟验证：白天可以带上星空图去外面寻找星星吗？进行"白天看不到星星"的模拟实验。

太阳落山了（关灯），美丽又神秘的小星星们亮起来了，学生在模拟环境下一起数星星并分享："你最喜欢哪组星星？它像什么图案？你看到了几颗亮星，几颗暗星？"太阳出来了（开灯），星星消失。

学生看到自制的"小星星"在黑暗中闪闪发光，觉得十分有趣而神奇，同时也在积极地思考：是什么使星在"黑夜"中发光，白天为什么看不到星星？最终给出答案，白天能不能看到星星取决于是否有光的照射。形象的探究促进了学生语言和思维的转化和发展。

2.揭示科学原理：这就是视觉上的明暗对比现象，在生活中也经常可以见到。

（四）在线观星

学生通过手机观星软件（见图5）了解科学家是怎么为星组取名字的，如何表示大小明暗的，激发学生继续研究的热情。

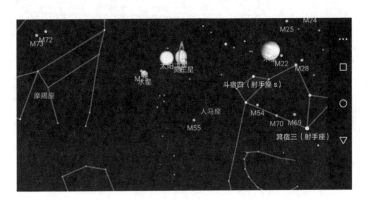

图5 通过手机观星软件观星

（五）方法升华

以寻找星空图中的星星为基础制订观星计划。当教师提问还可以用什么方式表示星星的明暗时，学生们提出可以用颜色、形状、大小等多样的方式来表示。这充分说明，学生的思维已经随着形象的探究活跃起来了。

专家点评

在此案例中，教师对实验用品的开发具有一定的创新性，能将科学与美相结合，让学生在使用这套用品的过程中感受宇宙万物之美、逻辑之美、科学之美，潜移默化地在他们心间埋下了宇宙、天文的种子。教师能在深入分析学情的基础上，查阅人类研究天文的历程和方法等相关资料，结合低年级学生的认知特点开发"星空地图"学习卡片，这种开发教具的研究过程值得我们学习。此实验教学过程具有一定的互动性与探究性，比如"贴一贴、数一数、连一连、取名字、制作星空地图"等活动符合二年级学生的年龄特点和认知规律，体现了新课程理念，突破了教学重难点。

与此同时我们需要看到，教师新开发的实验教学内容与教材设计的活动相比，在目标定位和操作难度上还是略显高了些。比如教材设计的活动，如果能保证教室关灯后的"暗室"效果，学生拿手电筒模拟星光同样符合学生的年龄特点并且操作更为简单，所以在实验教学发挥能动性、尝试改进教材实验内容的过程中，我们要特别注意紧扣课标，认真研读教材教参。

第三部分

结 语

实验教学改革关乎科学教育优质发展，任重道远

　　近代科学之父、意大利物理学家伽利略·伽利雷曾说：科学的真理不应该在古代圣人的蒙着灰尘的书中去找，而应该在实验中和以实验为基础的理论中去找。以他为代表的先贤们开创了以实验事实为基础并具有严密逻辑体系和数学表述形式的近代科学。科学实验是人们探索自然规律、发现新知的重要方法，是自然科学建立的基石，对学生认识科学、学习科学至关重要。开展实验教学有利于激发学生兴趣、促进思维发展、建构科学概念，有利于提高学生的动手能力、观察能力等探究技能，有利于培养学生严谨求实的科学态度、创新精神和实践能力。

　　如何做好实验课设计、如何优化与改进实验装置、如何设计好实验活动、如何保障实验教学的有效开展等都是我们科学教师非常关心的问题。其中不仅涉及教师的课程理念、实验改进方法、教学实施策略，还涉及实验教学目标的定位、实验教学内容与课标及核心素养的对标、实验教学体系建设等实验教学改革中的一系列问题。

　　近年来，我国高度重视中小学科学教育，实验教学作为科学教育中的关键一环，改革也迫在眉睫。自 2019 年起，教育部发布了一系列新时代背景下中小学实验教学的相关政策文件，加强中小学科学教育和实验教学加法势在必行。2019 年 11 月，教育部发布的《关于加强和改进中小学实验教学的意见》对中小学实验教学的属性进行了精准定位："实验教学是国家课程方案和课程标准规定的重要教学内容，是培养创新人才的重要途径。"该文件涵盖了完善实验教学体系、创新实验教学方式、加强实验教学研究与探索、保障实验教学条件以及强化督导考核等。2022 年，教育部发布《义

务教育科学课程标准（2022年版）》，其中新增的"学生必做探究实践活动"专栏对教师开展实验教学的内容提出了明确要求。2023年11月，《中小学实验教学基本目录（2023年版）》正式发布，其中，小学科学部分进一步明确提出小学阶段科学教学应当完成的117个基本实验活动（其中除了课程标准中小学阶段的78个必做探究实践活动以外，新增39个探究实践活动），并倡导有条件的地区和学校，尽量采用学生分组实验或独立实验的方式完成。以上政策文件将实验教学作为科学教育课程体系的重要内容，纳入学科教学基本规范，强化实验教学要求，对深化实验教学改革、指引教师实验教学创新方向、提高科学教育教学质量起到重要的指导作用。

由教育部基础教育司主办，教育部教育技术与资源发展中心、中国教育装备行业协会提供专业支持的全国中小学实验教学说课活动（以下简称"实验说课活动"）自2013年以来已成功举办九届，累计吸引超过15万名教师参与。2023年10月在天津举办的第九届实验说课活动现场的展示环节吸引了3000余名教师现场观摩，同时还有1657万次线上点击量。11年来，实验说课活动已发展为基础教育领域实验教学的品牌活动；在地域覆盖、学科门类、参与人数、观摩人数和内涵质量方面都呈现明显的上升趋势，在促进教学改革、提高教研水平、提升育人质量等方面发挥了重要作用。

实验说课活动注重成果积累与转化，截至2023年10月底，活动平台——全国中小学实验在线平台注册人数为140万，公开实验教学说课优秀课例1200余节，点击量累计超4100万次，为地方教研员和学科教师提供了丰富的可借鉴的资源。2023年5月，国家智慧教育公共服务平台正式开通"实验说课"栏目，将活动的部分优秀课例纳入平台展示。为更好地发挥这些优秀课例的作用，辅助更多教师开展实验教学，本书着力挖掘、呈现历届实验说课活动中最有代表性的优秀课例，这些课例在注重教学设计、思维培养、生本课堂、突出技术应用和地域特色等方面均可圈可点。

本书从政策支持、理论基础、现状与问题、设计策略与思路等方面对小学科学实验教学的设计原则与理论指导进行论述，对照《义务教育科学课程标准（2022 年版）》中的学生必做探究实践活动，从历届实验说课活动中精选出最具代表性的 27 个优秀案例，结合新课程理念为课例中的实验教学进行点评、把脉，力求为读者呈现既有理论指导、又有实践参考意义的文本资料，力求在实验教学的理念理解、改革方向、优化策略、操作方法等方面给读者带来一些启示和思考。

本书的组稿得到了多方的指导与支持。在此要特别感谢中国教育装备行业协会在选题组稿、课例材料、专家组织、稿件审读等方面提供了全程、全方位的支持。同时，在课例选择、内涵挖掘、点评意见等方面，多位躬耕教坛的专家和教师积极参与、提出宝贵建议，在此一并感谢！最后，感谢读者朋友们的信赖和支持，热切期待得到你们的反馈及建议！

陶行知先生说过："处处是创造之天地，天天是创造之时，人人是创造之人。"希望所有科学教师都能克服困难，在实施和改进实验教学这方天地中开辟自己的舞台，在实践中不断提升新课程理念和实验教学能力，共同推动我国中小学科学教育的高质量发展。为此，我们任重而道远，乐此而不疲！